成約人への道

光言社

はじめに

成約時代は、天地父母様が地上にお座りになることによって、子女たちが完成し、神人愛一体の愛の理想が成就する時です。

真《まこと》の御父母様は早くからみ言《ことば》を通じ、神様と人間は親子の関係だということを明らかにされ、その関係を連結する根本の力が真の愛の心情であると教えてこられました。

「全宇宙の根本は、真の愛が土台となり、神様を中心とした親子の関係も心情によって完成し、生活の中で侍って生きる心情の社会」であると語られました。

真の愛による心情の完成的体恤《たいじゅつ》は、神様の真の愛の中で心と体が統一を成すとき、成就し、家庭の完成も夫と妻の関係が真の愛によって一つになるとき、成就するとおっしゃいました。

本然の世界は、お一人の神様を中心とした一つの大家族社会です。神様を父母として侍って生きる巨大な一つの家族です。したがって、この大家族社会は万民が心情によって調和して生きる心情文化社会なのです。

心情が血縁のような絆《きずな》となって生きる世界、血肉の情を越えた心血社会は、自由と平和と統一と幸福の世界が成就した心情文化の共生共栄共義の世界なのです。

真《まこと》の御父母様は、多くのみ言《ことば》を通じて、生きていらっしゃる父なる神様が分かるようにしてくださり、人間の根本道理を悟らしめ、本然の世界へ向かうことのできる個人完成と家庭完成、そして家庭では孝子、国家では忠臣、世界では聖人、天宙では聖子の道理を完成した成約人の営みと、霊界をはっきりと教えてくださって、生命と永生の道へと導いてくださいました。

成約人は人類の父母であられる天地父母様に侍り、地球星は私の故郷であり人類の故郷、天宙は私の祖国であり人類の祖国であることを知り、成約人は父母が同じであり、故郷が同じであり、祖国が同じ創造理想世界である神様の国を創建しなければなりません。

どうかこの本をたくさん訓読されることによって、神様の創造理想を相続し、新たな心情文化を地上に花咲かせる成約人としての人生を培っていかれる皆さんとなられることをお祈りいたします。

一九九九年十二月二十五日

全国祝福家庭総連合会会長　劉大行《ユテエヘン》

日本語版発刊によせて

文鮮明《ムンソンミョン》先生は「人間が、①神様について明確に分かっていれば、②真の御父母様がどのような方なのか明確に分かっていれば、③霊界について明確に分かっていれば、④罪を犯したら蕩減《とうげん》復帰の道を歩まなければならないことに対して確かに分かっていれば、その人はどこでどんな環境の中で暮らしても罪を犯さずに生きることができるでしょう。いや、この中の一つでも確かに分かっていれば、その人は善なる人になるでしょう」と語られています。

このみ言を基に七つのテーマを設定し編集したのが本シリーズです。

本書は、シリーズの最後に位置づけられる本です。成約時代、完成時代を迎え、蕩減復帰されて本然の立場まで戻ったのち、私たちはどう生きるべきでしょうか。これは最も重要な課題であると言えます。

侍る生活、統一する生活、真の御父母様の生活的伝統、創造理想を中心とする根本原理など、成約時代における天国人としての信仰生活についてのみ言が集められています。

この本を活用され、皆様が高い理想と志を掲げ、希望ある人生を歩まれることを願ってやみません。

一九九九年十月

世界基督教統一神霊協会会長　大塚克己

もくじ

＊本文中、各文章の末尾にある（　）内の小さな数字は、基本的に原典『文鮮明先生み言選集』の巻数とそのページを表します。場合によってはほかの書籍からの抽出を示したり、み言の日付と場所を示している場合もあります。

例‥（一二三―四五六）＝第一二三巻―四五六ページ
‥（九八・七・一　中央修練院）＝一九九八年七月一日、韓国の中央修練院で語られたみ言
‥（御旨と世界一七二）＝韓国版『御旨と世界』一七二ページ

第一章　人生観

一　人生とは何か

1．今まで人生問題は迷路

私がなぜ生まれ、なぜ生きなければならず、どこに行かなければならないのでしょうか。生まれたことを、皆さんが自分で生まれたと考えてはいけません。生まれはしたけれど、どのような動機で生まれ、何のために生まれたか、私をして生ましめた動機と目的が分からない私たちです。生まれるには生まれたけれど、私が生まれようとして生まれたのではなく、生きるには生きるけれど、私が生きようとして生きるのではなく、死ぬには死ぬけれど、私が死のうとして死ぬのではないというのです。

ところで、私をもってして何を誇るのでしょうか。自分自身が生まれたくて生まれることもできず、自分自身のその何かをもって生きることもできず、死ぬ道を避けることもできない自分をもって何を誇ってみても、哀れで物悲しいだけです。生まれたので生きなければならない運命で

あり、またそのように生きていかざるを得ない運命です。(七—一七八)

＊

今日まで哲学は、歴史時代を通じて人生問題を解決するために苦心してきました。真《まこと》の人間の価値、人間がどのように完成することができ、人間自体から勝利して万宇宙に誇ることのできる勝利の完成した姿を、いかに成し遂げるかという問題を中心として、数多くの哲人たちが出てきて、苦心しながらありとあらゆる主張をしました。それが今となっては、人間を通じて思想体系を立てたすべての主義主張がもはや実験をすべて終え、既に落第してしまったというのです。みな脱落してしまいました。(一四—一二五)

＊

なぜ人間が、このように特別することもなく生きながらも死ぬことを嫌い、「なぜ生きるべきか。根源がどのようになっているのか」と、皆さん疑問が多いでしょう。そのすべての疑問は、人間の哲学書籍を通しては解決できません。哲学というものは、今まで神様を探していく道を開発したものです。宗教とは何でしょうか。神様を知って、共に生きる生活から始めるのが宗教生活です。(一八六—一二)

＊

人生をこのように生きて行く目的とは何でしょうか。この問題を、もう一度考えてみなければなりません。動機が私によるものではなく、目的も私だけのものではないことは間違いありません。生きる上において、幸福な場を嫌う者がどこにいて、豪華絢爛《けんらん》な場で生きたいと思わない者がどこにいるでしょうか。しかし、思いどおりにできないのが私です。それでも自分を誇り、思いどおりに生き、思いどおりに残りたい私です。このような心情の交差点をもった私だというのです。（七一—七九）

＊

さあ皆さん、見てください。皆さんが八十年ほど生きたとします。その中で、夜寝る時間を除けば四十年になります。半分に減るということです。寝ることも生きることでしょうか。寝ることは死んでいるようなものです。寝ることは死んだ命です。ですから、二十四時間の間で生きようともがく時間は、半分にもなるでしょうか。また、そこから御飯を食べる時間を一時間ずつ切り捨てたらどうですか。御飯を食べる時間を一時間は見ないといけません。

さあ、またその中で友達の宴会の日、近所の町内のお年寄りの還暦を祝う日、誰かが亡くなった日、葬式を行う日、病気になって寝ている日、すべての日を全部差し引くと、一生の中で生きているという日が半分にもなるでしょうか。この間、計算してみたところ、生きているという日が七年と出ました。その七年の中で、「本当に生きた」と言える日が何日出てくるかというのです。（四九—三三六）

＊

一生というものは早いのです。一生は本当に早いのです。物心ついて、この世の物情を知り、あれこれしていて四十を超えたら五十であり、もう十年はあっという間なのです。そして十年たてば六十があっという間であり、六十になれば七十があっという間であり、私も静かに考えてみると、一場春夢《いちじょうのしゅんむ》（注：人生のはかないことのたとえ）という言葉を実感するのです。（一八八―一二八）

＊

自分が運を百ほどもって生まれたのに、百二十ほど生きて死ぬ人は、その後孫が滅びるのです。人の運は、ゴムひもと同じでピンと張るというのです。しかし八十ほど生きて死ねば二十ほどの福を残し、その運勢を子孫の前に相続してあげて逝けるというのです。（七八―三三三）

＊

運命は変更できますが、宿命は変更できないのです。大韓民国の人として生まれたことは、変わり得ますか。自分のお父さんの息子、娘として生まれたことは、変わり得ますか。その国の主権がどんなに強く、その国の慣習がどんなに強くても、お父さんの息子、娘だということは変更できないというのです。そのように復帰の道は、宿命的な道です。いずれ、いつの日かは清算しなければなりません。（一七二―五五）

＊

出発を誤ればとんでもない所に行くというのです。ですから船が大海を航海するにしても、出発した港から羅針盤を中心として行くべき目的地に向かって、方向性を描いてこそ行くことができるというのです。

それでは、人間が出発した港とはどこなのでしょうか。分からないでいます。羅針盤をもって彼岸の世界に到達することのできる、目的地を描いて行くことのできる方向性がどこにあるのでしょうか。ないというのです。これがくねくねと、自分勝手に行ったり来たりしました。このように見るとき、人間はどんなにやったとしても人間で終わるのです(一七二―一八)。

2. 私たちはどこに行くべきか

一生を経たのちに、私はどのような所に行くのでしょうか。これが、人間たちが解決しなければならない重要な問題です。宗教もこの問題を解決するために、哲学も歴史もこの問題を解決するために動員されています。それで皆さん自身も、このような運勢に捕らわれて導かれていっていることを否認することができないのです。

それならば、どうせ行かなければならない私自身であるとすれば、この体はどこに行こうとするのでしょうか。この心は、どこに行こうとするのでしょうか。またこの生命は、どこに向かって傾いていて、私の心情は、どこに行こうとするのでしょうか。私の所願あるいは所望と理念は、どこに行こうとしているのでしょうか。

この問題を解決できないとしても、私たちは、いずれ行かなければならない運命に置かれているのです。私たちが生きて、そして死ぬ日、この体は、土に埋められることによって終わるのです。それならば体が埋められるその日、この心も、この生命も、この心情も、この理念も、あるいは所願までも一緒に埋められてしまうのでしょうか。消えてしまうのでしょうか。ここに確実な内容と、確実な解決点と、確実な目的観を立てておかない限り、これは不幸な人間でしかあり得ないのです。(八一一―一九四)

＊

せみの卵がせみになるためには、赤ちゃん時代、幼虫時代があります。幼虫時代には水たまりに棲《す》み、あるいは地面のくぼみにある穴の中に棲むとしても、それらが行かなければならない道はそこではありません。大空を飛んでいく道を行かなければならないのです。飛ぶためには、どんなに地面に穴を掘って入り、水の中で泳ぎ回ったとしても、その過程で何かを準備しなければなりませんが、それが絶対条件だというのです。なくてはならない条件だというのです。

幼虫時代から成虫時代に越えていくためには、幼虫時代において、飛ぶための万端の体制が準備されなければならないのです。そして、反対の要素である皮を脱いで整備する一時を、必ず通過しなければなりません。殻を脱がなければなりません。

水の中で棲むのならば、魚のように平べったい姿のほうが水面に出たりするのにちょうど良いのですが、空中で飛ぶのならば、それではいけないというのです。そこに合うように、すべてのものが整えられなければなりません。(二〇―三)

＊

私たちは、何を中心として生まれ、何を中心として行くべきであり、何を目的として行かなければならないのでしょうか。このことは、神様抜きには絶対駄目なのです。神様を抜きにしては、動機のない因縁になるのです。動機をもつことができない人は、どのようなことを成就しようとしても、その結果は収められず、価値が認定されることはないのです。ある建物を建てるときは、設計者が設計した設計図に従って建築するようになります。設計の原本もなく建てられた建築物は、設計者が目的とした建物になることはできないのです。(二―一〇〇)

＊

秋の季節が来たという事実は、冬が近づいているということを意味します。冬は、生命があるものだけが通過することができる路程です。生命をもてないものはすべて、ここで後退するしかありません。それで、冬が来る前に新しい生命を注入しなさいというのです。

新しい生命は、新しい愛を中心とした新しい主義と思想、そして新しい人生観、新しい世界観、新しい宇宙観をもたなければなりません。そうでなくては、冬の季節を通過することはできません。冬の季節を通過し得る生命力をもつようになれば、それを通過する過程には苦労が多いのですが、行けば行くほど春の日が近づくのです。春の日が訪ねてくるのです。統一教会はその道を行くのです。（三五―六九）

二　人間は原因たる存在ではない

1．本来神様の愛によって生まれた人間

本来私たち人間は、自分の意志によって生まれたのではありません。また、父母なら父母自身がこれこれこのような息子、娘を生もうという計画のもとで生んだのでもありません。このように私たちは、父母の要求によって生まれたのではないというのです。神様の摂理を中心として私

たちが存在するようになった根源を掘り下げてみるなら、私たち人間は、摂理の起源と一致し、その起源を中心として動いていく歴史と関係を結ぶ重大な責任をもつための一つの生命体として、この地に送られたとしか考えようがないのです。

それゆえ、歴史過程にある私自身、その中で生きている私たち個体がどんなに小さいとしても、一つの個体として終わるのではありません。(三四―一五五)

*

人間自体が、自分で生まれたのでしょうか。自分を主張することができる起源は、どこにあるのでしょうか。この大宇宙の原則の前に人間を主張することができる起源を、どこから探さなければならないのでしょうか。私たち人間は、生まれた結果的存在なのに、結果的存在が原因を知ることはできないのに、自分を主張しようとする人、そのような人たちは、正気ではない者たちです。全部が狂った人です。(八三―一九二)

*

生まれたことについて、なぜ生まれたかという問題、神様が人間をなぜ造り、天地万物をなぜ造ったかという問題、その結論は簡単です。神様も愛の対象が必要なので、愛の対象として人間を創造されたのです。皆さんは今、「何でもない姿の私のような存在は、いてもいなくても同じだ」と考えるでしょう。それではいけません。神様の愛の対象になるのに、父母は、子供が優れているからといって愛するのではありません。子供であれば、優れていようがいまいが愛するというのです。

障害のある子供をもつ父母の胸がもっと痛むのと同じようにです。天地の中心であられる神様の愛の心は、皆さんが優れているとかいないとかということを超えているのです。本性の愛の、その根本をもっているかいないかということが重要です。ですから、私がなぜ造られ、宇宙がなぜ創造されたかということを知らなければなりません。愛の理想を完成させるために造られた、という事実を知らなければなりません。（一三〇―四四）

*

神様がなぜ天地万物を造り、神様が私をなぜ造ったのでしょうか。愛のためです。私がなぜ生まれたのでしょうか。神様の愛ゆえに生まれたのです。神様の愛の中で生まれ、神様の愛の中で生きるために生まれたのです。「神様と共に私の家庭で愛することができる人だ、神様と共に私の社会で愛することができる人だ、神様と共に私の国で愛することができる人だ、神様と共に私の世界で愛することができる人だ」と言うことができる人になるために、神様の愛の中で生きなければならないのです。（九七―二六六）

*

私というものは、父母から何を受けて生まれたのでしょうか。生命の連結体として生まれた、このように見るのです。お母さん、お父さんが一つになる所から、お母さん、お父さんの生命力の価値をもって生まれたというのです。

その生命力は何によって？　愛によって。その生命力と愛は何ゆえに？　宇宙の目的を完成するために。このようになるのです。目的を完成するために生まれたというのです。男なら男、女なら女としてのある目的、大宇宙目的の協助体としての自らを完成するために、このような生命力を中心とした結合によって生まれたというのです。(一一〇—七二)

＊

私たちが生まれたのは、なぜ生まれたというのですか。何のために生まれましたか。神様の愛、神様の愛ゆえに生まれたというのです。ここで「ドカン！」といえば、神様の頭に「ガン！」と通じることのできる、その愛だというのです。皆さんが何かを持って池に「ポン！」と投げれば、波紋が池の辺に広がるのと同じように、この宇宙の中で愛を「パーン！」と投げれば、全宇宙に波紋が生じるはずだというのです。そのようなことをしているのです。皆さんが何によって大きな波紋を起こすかということが問題だというのです。(一〇三—二五四)

＊

神様とはどういうお方でしょうか。創造主です。創造主とはどういうお方でしょうか。宗教世界での概念では、「神様は私たちのお父さんだ」「私たちは神様の子女だ」と言うのです。では、そのお父さんは、どんなお父さんですか。どのようになったお父さんですか。これは漠然としているというのです。

借りてきたお父さんですか、隣近所のお父さんですか、あるいは養父ですか、どんな父母ですか。そうでなければ妻の父母ですか、嫁ぎ先の父母ですか。お父さんという言葉はたくさんあります。根本を解決できずしては、どんなに環境が拡大されたその世界で解決しようとしたところで、それは解決が出てこないのです。千万年行っても解決ができないというのです。

それならば、人間と神様が問題です。「神様が私たちのお父さんだ」と言うとき、皆さんは神様がお父さんだと感じられますか。私よりも、私がいる前にもっと確実なのがお母さん、お父さんです。お母さん、お父さんが私より先にいるので、私がいるということを前提とする時は、私がいるということを主張する前に、私たちのお母さん、お父さんがいると主張しなければならないのです。それが正しい定義です。お母さん、お父さんをのけ者にして私がいるという主張は、愚かな主張なのです(一八八―一九〇)。

＊

人間は第一の原因的存在ではありません。第二の結果的存在だというのです。ですから私がいるということを語る前に、お母さん、お父さんがいることを語るべきなのです。このように見れば、根本に帰って宇宙の根本となる神様という問題を、根本的に、一番最初に解決しておかなければならないのではないかというのです。

お母さん以上、お父さん以上、先祖、先祖と言って上がっていけば神様になるでしょう。このような論理を追求すれば、私を主張する前に神様を決定しなければなりません。神様はどんな方だ、彼は私のお父さんだ、そのお父さんはどんなお父さんだということを。それで私たち統一教会はこれを教えてあげるのです。(一八―一九〇)

＊

本然の出発点を正しくつかめ、正しく求めよというのです。人間は結果的存在なので原因の起点にもっていって合わせろというのです。原因の起点に合わせますが、その起点が盲目的起点になってはいけません。神が人格をもっているので、人格をもった人間においても知情意のすべての良心的作用の内容を持ち合わせているのです。ですからその動機も原因的内容以上の動機でなければならないというのです。それでいて絶対的でなければいけません。一度出発したものが誤ったなら、永遠に是正することはできません。(一七―一三)

2. 人間が生まれた本然の目的

神様は宇宙の第一原因であられ、森羅万象の創造主です。そして私たちの愛するお父さんであられます。神様は特別なみ旨を成し遂げられるために万物を創造されたのであり、その目的は正に愛の具現にあります。神様は真《まこと》の愛の根源であられますが、どんなに全能な神様であられるとしても、一人では決して愛の喜びを感じることができません。

神様は愛の対象が必要であり、その対象から自発的な愛が帰ってくることを願っていらっしゃいます。その対象としての最高の被造物が、正に私たち人間です。そのような理由で人間の生命には目的があるのです。人生の目的は成熟し、神様と永遠の真の愛の関係を実現するところにあるのです。正にこれが、神様と人間の間に平和をつくり上げる根本原理なのです。(一六六―一三二)

＊

豊かに生きることも重要で、何かをすることも重要ですが、まずは縦的な天の父母の前に孝の道理を立てなければなりません。縦的天の父母の前に忠の道理を立てなければなりません。縦的な天の父母の前に聖人以上の道理を尽くさなければならないというのです。それが、人間が生まれた本来の目的です。また、そのような人に出会うために神様が人を造ったのです。そのような目的があるというのです(五八―一三二)。

＊

人生が真実に行く道とは、どこでしょうか。人間は、どこから生まれたのでしょうか。愛から生まれました。人生は、どんな道を行くべきなのでしょうか。愛の道を行かなければなりません。どのように死ぬべきなのでしょうか。

愛のために死ななければならないという結論が出てきます。その愛とは、どのような愛でしょうか。大宇宙が歓迎することができる愛です。小宇宙ではないというのです。神様が公認し、天使世界が公認し、万物が公認し、すべての人が公認し、私たちの父母が公認することができる大宇宙の中で生まれ、その中で生きて、その中で愛し、その中で死んでいくことが、人生の目的だと見るのです(八三―一六四)。

＊

人は、自分が良いときは、父母、兄弟、親戚を訪ねて、一緒に楽しもうとします。良いことは幸福なことなのです。幸福は永遠なものであり、永遠なものは心情です。宇宙の中心は何でしょうか。それは父母と子供だというのです。すなわち父母と私です。神様と私だというのです。神様はお父さん、私は息子……。人生の究極的な目的は、父を訪ね、切ることのできない関係を結

んで喜びを感じることです。（二一一〇四）

＊

先生はいつか、道を行く途中で年を取ったおじいさんと話をしたことがありました。そのときおじいさんに、「どこに行かれますか」と尋ねると、「どこに行くも何も、うちの息子の家に決まってるでしょう」とおっしゃいました。「そうですか。行って何をされるんですか」ともう一度聞いてみると、「出される御飯を食べて、たまに鶏でも出してくれるなら、鶏もおいしく食べるんだよ」と言うのでした。また、「それなら食べたあと、何をされますか」と聞いてみると、「食べたあとは、特にないよ」と、このような答えでした。私たちの人生を、このように送ってもよいのでしょうか。（一九―二九〇）

＊

家計の帳簿を整理するときにも、収入がいくらで支出がいくらかを正確に決算します。このように帳簿を整理するときにも、収支計算を徹底してやるのに、皆さんの人生はどうですか。一生の間、生きたことを収支決算してみましたか。赤字ですか、黒字ですか。赤字ならば地をたたいて痛哭《つうこく》しなければなりません。

人は、死ぬ場において、楽しく歌を歌って死ぬことができなければなりません。ところで、死を前にして生きようともがくことは、赤字の人生だという証拠です。私たちは、絶対性を中心として、心情の世界において黒字の人生を生きなければなりません(一九―二八九)。

＊

人間は誰のために生きるのでしょうか。「私のために生きます」と言えば落第です。自分のために生きる人の前に家庭が存在することができますか。希望の家庭がないのです。国が存在することができますか。国は出てきません。そこに世界が存在することができますか。世界が存在することができません。世界が出てくることができる場がないのです。天地の公約は「この個人主義の悪党よ、立ち去れ」と制止するのです。個人を第一とするのに、そこに家庭が入ることができますか。そこにある理想的な国が入ることができますか。錐《きり》の先のような狭い所に入ることができるかというのです。どんなに入ろうとしても、入っていくことができないというのです(五七―六六)。

＊

皆さんは愛を知らなければなりません。すべてのものが移動する目的、存在する目的は、愛だというのです。愛を求めて動き、愛を求めて存在しているというこの鉄則を、皆さんはいつももっていなければなりません。鳥たちがお互い好きになり、チュッチュとさえずりながら飛び回ることも愛ゆえであり、磁石のプラスとマイナスがお互い合わさることも愛で一つになるためだというのです。人がみな誰かに会おうとするのも一つになるためなのです。

3. 愛のために生きる

人生はどのように生きるべきでしょうか。人間はどこから、なぜ生まれ、どのように生きていくべきでしょうか。簡単だというのです。愛（神様を中心とした）ゆえに、愛によって生まれたので、愛の道を求めて、愛の目的地に行くのです。そうすれば循環法度上で、永遠に回ることができるのです。愛は永遠の概念なので愛を求めてこの中心に来るのです。それは愛でのみ成立するのです。（一一五―一六五）

＊

私が一生の間生きるのは、私のために生きるのではありません。神様の愛のために生きるのです。その目的のために移動し生きるというのです。それがどれだけ素晴らしいことでしょうか。そのように生きる人は絶対滅びないのです。そこに大変なことがあり、涙もあり、時には悲惨なことがあったとしてもそれは神様の愛ゆえなので、悲惨ではなく、悲痛でもなく、悲しみでもないというのです。その原則を知らなければなりません。（六七―一五九）

＊

私たちは何のために生きるのでしょうか。絶対的な真《まこと》の愛、真の愛のために生きましょう！ここにすべてが入っているのです。ですから私のポケットにあるハンカチも愛のためにあり、私が仕事をするのも、汗を流すのも愛のため、真の愛のためにするというのです。私が話すことも真の愛のため、食べることも真の愛のため、遊ぶことも真の愛のため、すべてがそうだというのです。(一〇七―二〇五)

＊

人間は何を目的としなければならないのでしょうか。個人を目的とすることより、家庭を目的とすることより、団体を目的とすることより、国家を目的とすることより、世界を目的とすることより、天地を目的とすることより、神様を中心として神様と人間が合わさった目的に向かって進んでいかなければならないのです。

そうすれば、どの目的が最後に残るでしょうか。個人を主としたものは流れていくし、家庭を主としたものも流れていくし、団体を主としたものも流れていくし、国を主としたものも流れていくし、世界を主としたものも流れていくのです。しかし一番最後まで残る一つの目的があるとすれば、それは神と人間が共同で追求する目的です。そのような目的だけが、人間の歴史の最後にまで残ることができるものなのです。(四一―三三三)

＊

皆さんの心が最後に安着することのできる終着点とはどこでしょうか。神様を求めて自分のものにしたとしても、そこに皆さんの心は安息しようとしません。心の最後の終着点は、神様を占領し、神様の愛を占領する所です。ですから皆さんが神様の愛を占領することができなければ、万事がむなしいのです。(二四―一七)

＊

人生の最後の目的は、神様を中心として天の中心たるその方と出会うことではありません。その方と一緒に住むことが問題となります。その方と会うのにどのような場所で会うか、生きるのにどのような場所で生きるのかということが問題です。その方とは中心の場所で会って、中心の場所で生きようというのですが、その中心の位置は神様の愛の位置なのです。ですから人類の良心が指向する最高の目標は、天運に従って神様と一致して、神様の愛を私のものにしようというのです。結論はそれです。(二四―一七)

＊

人間が最後に到達したいのは、最高であられる方の愛の対象者になることです。その最高の方とは誰かというと、私たちの父であられると同時に、神様だというのです。(六五―四六)

＊

本来人間の特権は、誰彼問わず、天上王国世界において皇太子として生まれることのできる権威をもっているのです。お姫様として生まれることのできる権威をもっているのです。それが人間の価値です。それが本来の人間の権威だったのです。(六八—三三六)

＊

心情が通じるようになれば、みんなが神様の子女になります。文化の背景や歴史的環境、あるいは時代の位置いかんによって人間の価値が左右されるのではありません。そのいかなるものをもってしても人間の価値を決定することはできません。人間が天を知り、地を知り、天の目的と地の目的と人間の目的を知るところにおいてのみ、人間の価値が決定されるのです。(一五—八三)

＊

私たちは新しい価値観を模索して、それを中心としなければなりません。世界に対する新しい価値、人間に対する新しい価値、理念に対する新しい価値、あるいは愛に対する新しい価値を模索しなければなりません。その価値観が神様のみ意《こころ》と一致することのできる内容をもって出発するとき、その価値観は人間を中心とした価値観とは母体が異なるのです。人間の意志を中心として立てられた価値観とは異なるのです。

＊

今日、この世界において確実な価値観をもたなければなりません。世界観を越えることのできる価値観をもたなければなりません。私たち統一教会は、その価値観の中心を神様においているのです。私たちの主張する世界に帰ろう、理想世界に帰ろう、ではないのです。神様に帰ろうというのです。

神様に帰らなければ理想世界もないのであり、幸福な世界もないのであり、永遠な世界もないのであり、愛の世界もないのです。そのすべての幸福の要因、私たちが願うすべての要件は神様によって始まらなければならないからです。それゆえ、神様に帰らなければならないのです。これを懐かしがり、これを求めてきたのが、人類歴史上に現れた宗教という機関だということを知らなければなりません。(六八―一三八)

＊

私たち統一教会は絶対的な価値観を提示するとともに、真《まこと》の御父母様を提示しています。私たちが願う絶対的価値の基準は、どこが終着点なのでしょうか。真の父母の息子、娘になるところです。永遠の生命をもつことができ、永遠の愛をもつことができる神様の息子、娘になることです。そのほかには道がありません。

アダムとエバが堕落するとき、神様が許諾したところで相対理想を結んだのではありません。自分たちが勝手にやったのです。神様が許諾して関係をもって出発することができるのは父子の因縁しかありません。ところが、それが壊れたので、没落したので、それを標準にし、もう一度継ぎ当てしなければなりません。(六八―一三八)

三　人間の価値は偉大である

1. 人間の価値は神様的価値

人の価値は、どのくらい大きいでしょうか。神様が杖《つえ》をついて千年、万年懐かしがることができる存在が人間です。統一教会の文《ムン》先生が見ると、これが宇宙の根本だというのです。これが内外関係になったので、縦横の愛の世界観が成立するのです。上下関係と左右関係になれば、縦横の愛の世界観が広がるのです。その中心には神様が臨在されるのです。心の深い谷間の位置で一つに固く結んであげることができるその場は、縦横の中心地です。これを結んでおかずしては縦横の基準が愛の理想型として出てこないのです。ですから人を、このように造らずにはいられなかったということを皆さんは知らなければなりません。(四八―一二四)

＊

神様は絶対的な創造の観を所有した絶対者であられるので、絶対的な対象としての価値のある存在を追求するのです。これは、この地上の被造万物の中の何を与えられても換えられないものです。

価値的に見るならば、相対的存在とは、神様をあげても換えることができない存在です。「相対的価値」という言葉は少し難しい言葉ですが。相対的価値というものは、相対という言葉を中心として、その対象の価値というものは神様をあげても換えることができないのです。神様をあげたところで、神様お独りしかいらっしゃらないというのです。神様だけが残ってしまうのです。

ですから神様自身を投入して、神様自身の力を、エネルギーを消耗するのです。消耗戦をされるのです。ですから、神様をあげても換えることのできない価値的存在として造ったものが人間なのです。これと同じように、絶対的価値の存在が人間だということを皆さんは知らなければなりません。神様がそのような観をもって、価値的存在として人間を造られたのです。（六八—一三四）

＊

神様は、人間を愛のために造られました。人間は、なぜ造られたのでしょうか。愛のために造られたのです。人間が万物と違うのは、神様の息子、娘として造られたからです。神様の直系の愛を受けることができる対象者として造られたというのです。これが人間の特権です。（二三—二四五）

＊

人は、誰に似ましたか。神様に似たというのです。ですから神様が愛を願うことも、結局人と同じだ、とこのように見るのです。愛を中心とした理想の創造世界というものは、実体を中心とした愛の表示が形状として現れ、形状の表示が象徴として現れるのです。統一教会の原理は、そのように言っているのです。何を中心としてですか。愛を中心としてです。その実体が喜べば、その形状となるものも自動的に喜び、形状となる存在が喜べば、象徴的なものも自動的に喜ぶことができるのです。そのような作用を何がしますか。愛のみがするのです（一六六―三六）。

＊

神様が、愛を求めていく対象を造ろうとするとき、誰に似るように造るでしょうか。神様に似るように造るのです。その神様に似るように造るなら、神様の中にあるもののように男性の性稟《せいひん》がなければならず、女性の性稟がなければなりません。自分に似たので自分の本性相からすべて抜き出して、見えない性相、見えない考えの形態を実体として展開させたものが人間だというのです。ですから聖書の創世記に出てくる、神様が自分の形状のとおりに人間を創造したという言葉は正しいのです（一七〇―一四〇）。

＊

見えない神様の形状を、私たちの体中に象徴的にすべて投入したというのです。目は、誰に似たのですか。神様です。ですから顔の真ん中を見てみると、目は深い所にあるのです。そうでありながら、すべてのものを観察するというのです。その次に、鼻はアダムとエバを象徴するのです。これが中心でありセンターです。その次に、口は万物です。横的です。ですから、四八、三十二（四×八＝三十二）、三十二個の歯をもっているのです。この世の万物を中心として四数を中心として。その次に、耳は四方を象徴するというのです。この首の上は天の国です。天の国の情報センターがあるというのです。（二〇一―八三）

＊

顔は、天地創造の主人が自分の形状をすべて取り入れて造りました。ですから、人の中には神様の性稟がすべて入っているのです。この目は何を象徴するかというと、神様を象徴します。ですから生物が生まれるとき、目が最初にできるのです。天地の中心は神様であられるので、目は神様を象徴するのです。ですからどんな人でも、その人の目は神様を象徴するというのです。ですからどんな人でも、その人の目を見ればその人が良心的な人なのか、非良心的な人なのか直ちに分かるのです。（三九―二二〇）

＊

いくら真理だと言っても、その真理の核心とは何でしょうか。お金でもなく、権力でもなく、知識でもありません。愛です。本質的な愛は縦的なところにあるのであり、真理的愛は横的に連結されているのです。ですから万物を見て神様が分かるし、アダムとエバは神様の形状なので、アダムとエバを見て神様が分かるのです。なぜですか。アダムとエバは縦的な真《まこと》の愛の対象的主体なので、これを二つすべて完全にピタッと、男女の愛を東西南北を通して世界の軸をもっていって合わせるときには、神様と霊界が通じ、全世界がすべて通じるのです。（二七九－一五八）

＊

皆さんは主体と一つにならなければならず、対象と一つにならなければならないということを知るべきです。主体と一つになれば、繁殖が起こります。与え受ければ、必ず繁殖が繰り広げられるのです。主体と対象が一つになれば、うれしい場なのです。神様自身も性相と形状の二性性相になっているでしょう。その繁殖することができる場は、主体ではありません。男性と女性が合わさってこそ家庭の主体が成立するのです。各自が一人の時は主体ではありません。主体になるまいとしても主体になるのです。（四二－八八）

＊

人間たち自らが、神様の本然の愛を再現させることができる運動、神様を愛することができる運動、神様に接近することができる運動をしなければならないというのです。「汝《なんじ》の体と心を尽くして、主なる汝の神様を愛せよ」と言われた、それが第一の戒めだというのです。愛することが第一です。体と心を尽くして愛さなければならないのです。中間であってはいけません。終わりまで行かなければなりません。

そうです、神様の形状が現れることができる真実な心、神様と一つになろうとするその心の本性が絶対的であり、それによってすべてのものの始まりと終わりだとすることができる境地に入っていかなければなりません。そのように愛せよ、ということが第一の戒めなのです（二四九―一二三）。

＊

神様と人間が拍子が合い、和動することができる喜びの拍子の前に、すべてのものが自分の形のとおりに音律を合わせることができ、自分の形のとおりにすべて象徴的に、形状的にみなこうすることができる、そのような喜びの表示がそうだというのです。そのようになれば万物も、「ああ、私も生まれがいがあるなあ」と言うのではありませんか。例を挙げて話をするなら、神様と人間が愛の宴《うたげ》をするその日に同参することができる因縁をもって、その喜びを分かち合うことができる存在になったという事実が、被造世界のこの上なく小さい万物が願うことのできる所願ではないかということです（二六六―三二六）。

＊

このすべての万物は、神様の息子、娘たちを造ることができる土台なのです。関係を結び、連結することができる土台なのです。動物もそうですし、鉱物もそうです。鉱物世界にもプラス・マイナスがあるのです。植物世界にも全部雄しべ・雌しべがあり、動物世界も雄・雌があります。すべて橋を架けて、すべてのものが結集され創造された最高の傑作品が、人間の内的形状と外的形状です。それを実体化させて男性、女性の性相を……。そのすべての形状を賦与して、象徴的、形状的、実体的にすべてさらけ出して橋を架けるようにして、すべて連結するように、関係を結ぶようにしたのです。（一四四―三二）

＊

それでは神様は、なぜ夜と昼をつくられたのでしょうか。毎日のように一日中お日様があれば、朝何の刺激がありますか。光明な朝だ、光輝く朝だというとき、光明がどのように光明で、光がどう輝くというのですか。おもしろ味がないのです。しかし、すべてのものは刺激のために、愛という課題を置いて、刺激的な象徴と形状でつづられながら調和することができる拍子をもっているのです。（一二四―八〇）

＊

皆さんの生命の根は、どこにありますか。堕落していない父母にあります。では堕落していない善なる父母の位置は、どのような位置ですか。神様が二性性相の主体であられるように、神様が自分の二性性相を展開し、神様の形状どおり万宇宙を造り、人間を造ったのです。アダムは神様の男性的性稟《せいひん》を展開させたものであり、エバは神様の女性的性稟を展開させたものなのです。

このように見るとき、私たち一般人たちが普通「天のお父様！」と言うのは、お一人ですからそのように言うのでしょうが、そのお一人という概念の中に「天のお父様、お母様」という概念が入っているというのです。（一四〇―一二）

2. 人間は神様が臨在される聖殿

もし人間の先祖アダムとエバが堕落しなかったならば、どのようになっていたでしょうか。アダムとエバは神様と一つの体になって、神様と同じ立場に立ち、神様の創造の威厳を継承し、神様が創造後お喜びになられたのと同じ位置に立つことになっていたはずです。神様と人間の間で、そのような関係を結ぶようになるのです。堕落していない本然の人は、神様の聖殿になるのです。(五四―五六)

＊

アダムとエバは、神様の息子、娘であると同時に神様の聖殿です。彼らが共に成長し聖殿が完熟するように造られたなら、神様がアダムとエバの中に入ってこられるというのです。そして完成したアダムとエバが神様を中心として聖なる式を挙げれば、それは何ですか。神様と一つの体になるということです。神様は内的な神様になり、私たち人間は実体をもった神様の体になるというのです。

皆さん、コリント人への第一の手紙第三章十六節を見ると「あなたがたは神の宮であって、神の御霊が自分のうちに宿っていることを知らないのか」というみ言《ことば》があります。信じて救いを受ける人も神様の聖殿になるのですが、本然の人類の真《まこと》なる先祖の位置に進むその方たちにおいては言うまでもないというのです。(五四—一三九)

＊

神様が父になり、人間は神様の息子になったとしても、父は上にいて息子は下にいる上下関係のような、そのような気分がするのです。そのとき私たち人間は、どのような考えをするのでしょうか。「お父さん、お父さんが座っていらっしゃったその席を、私に一度下さい。私もお父さんの席に座りたいです」という欲望が私たち人間にはあるのです。

ここで神様が「おいこいつ、駄目だ」と言えば、すべて壊れるのです。しかし神様は、そのように言われないのです。むしろ神様は、私たち人間がそのような欲望をもっていることを知っていらっしゃるので、「早く、そうしなさい。早く、そうしなさい」と言われながら、その位置までも私たち人間に下さるのです。その位置まで人間に下さり、神様は私たちの心に臨在され、私たちの心を聖殿として、そこにいようとされるのです。(五四—八一)

＊

聖書には、「私たちの体は聖殿である」とありますが、それはどういう意味か、解釈できずにいるのです。それは、偉大な言葉です。いくら大きな神様だとしても、その神様と私が愛をささやける愛の対象圏になり、その愛の対象圏と一つになれば、宇宙を相続することができる権限が生じるからです。愛という原則基盤を通じて神様が造った世界、霊界、無形世界、実体世界、このすべて、すなわち宇宙の相続権を獲得することができるのです。この驚くべき事実を知らないのです。(一三七―四七)

＊

アダムは実体をもった神様の体です。コリント人への第一の手紙第三章十六節にあるでしょう。あなた方の体が聖殿であることを知らないのかと。聖殿は神様がいらっしゃる所でしょう。私たちの心に本然の愛が芽生えるその場所を至聖所としているのです。ですからアダムの心に神様が宇宙的な愛の聖殿を造って愛の力を伸ばして、愛の花を咲かせようとするのです。これが、神様がアダムとエバを造り、家庭と世界に繁殖しなさいと祝福してくださった目的だということを知らなければなりません。(一二―六二)

＊

一番神聖な所はどこですか。至聖所とはどこかというとき、エルサレムの聖殿が至聖所ではありません。人間が造ったそこが至聖所ではありません。神様が造られた愛がとどまることのできる所が最高の至聖所です。この至聖所を失ってしまったのです。ですから人間の罪がどれほど大きいでしょうか。(二三六―一九八)

＊

神様が人間を造ったのは、実体の神様の体として造ったということです。コリント人への第一の手紙第三章十六節を見ても「あなたがたは神の宮であって、神の御霊が自分のうちに宿っていることを知らないのか」と言っています。聖殿とは何ですか。神様の家だというのです。アダムとは誰かといえば神様の体であり、エバとは誰かといえば神様の夫人だったというのです。このようになっていたならば、その子供は神様の血統をもって生まれるのです。彼らが神様の血族になるのが原則です。(二三五―一六〇)

＊

完成段階に至った人間が霊界に行くと、どのようになりますか。アダムは神様の体になります。アダムは神様の体になるというのです。ヨハネによる福音書とコリント人への手紙に「あなた方は神様の聖殿である」と出ているのと同じように、神様が臨在することができる聖殿です。家です。神様とどのように似ますか。責任分担完成段階に至り、神様が臨在し一つになれば、愛によってすべての生命の結合、一体化が成し遂げられるのです。生命が和合するのです。男性、女性が家庭、夫婦を成すということは、愛を中心として一体となり、和合するということです。それと同じように、その愛の力は神様と和合するようになるのです。神様と和合するようになるということなのです。(二三〇―一七)

＊

人間が完成して成年になれば、そのとき、見えない神様が入ってきて愛を造るのです。神様が好むと同時に、アダムが好む激動的愛を神様がすることができるというのです。それゆえ愛は最高の神聖な聖殿です。神聖の聖という字です。ですから真《まこと》の愛の中には、どこでも神様が入っていらっしゃるというのです。なぜ人は真の愛を好むのでしょうか。真の愛にさえ会えば、神様がここにいらっしゃるというのです。主人がいるようになっているのです。ですからアダムとエバが成年になって愛するとき、アダムとエバの体は、この宇宙を創造した神様がその中に入ってきて最高の神聖な聖殿を築く神聖なところになるのです。(二八―三二七)

*

エバとは誰かというと、アダムの妻です。アダムは、神様の実体です。「あなたの体は神様の聖殿だ」と言ったのです。神様は、アダムの心に臨在している見えないアダムです。この二つの父が一つになるのです。合一されるのです。そして霊的世界、無形の世界と有形の世界の合一の起点がアダムの本性的基準です。その本性的基準は何ですか。お金のふろしき、欲心のふろしきではないのです。

純粋な思春期を通じてすべての細胞機能が総動員され、一つの触覚として、アンテナとして現れたその基準を中心として、神様がそこに臨まれるので席を設けて……。陰陽が調和し、合わされば互いに降りていくのと同じように降りてきて、警備兵のいるところ、基地を……。アダムの心の中に来て神様は内的父、アダムは外的な父として霊的世界と実体世界の和合、一体の基準で、一人の男性を中心として一人の女性を中心とした横的世界で一致を成し遂げ、愛を中心として球形の核が広がるのです。球形の核。(二〇―九)

＊

コリント人への第一の手紙第三章十六節を見れば「あなたがたは神の宮であって、神の御霊が自分のうちに宿っていることを知らないのか」という言《ことば》があるでしょう。これが何かというと、神様の聖殿です。皆さんが神秘的な境地に入って祈祷しながら「神様、どこにいらっしゃいますか」と尋ねると、答えがとても素晴らしいのです。「ここにいる！　なぜそのように大騒ぎするのか」とおっしゃるのです。

「朝御飯を食べられなかったのか。夜遅く、なぜ大騒ぎするのか」と言うのです。「どこにいますか」と尋ねると、「どこにいるも何も、その深い心の奥に立っているだろう！　お前の心の中にいるだろう！」と言われるのです。天国がどこにあると言いましたか。心の中にあると言いました。(二四―一九四)

四　人間本性の真《まこと》なる生活

1．心に和合した生活をしなければならない

自分の一番近い先生とは誰かと言えば、自分の心です。一番親しい友達よりも貴いものが自分の心であり、お母さん、お父さんよりももっと貴いものが自分の心です。心に尋ねてみるのです。その心には神様が入っていらっしゃるのです。その心の声を聞くことができなければなりません。その境地まで入らなければなりません。仏教には、自性を清めなければならないという言葉があります。「天上天下唯我独尊」とお釈迦様が言いましたが、それは何かと言えば、私が私に尋ねれば私に神様が入っていることが分かる、ということです。そのようになれば、できないことがないというのです。（一三一－一七八）

＊

愛する心は、いつも犠牲になろうとするのです。譲歩しようとするのです。与えても、また与

えようとするのです。例えば、私にお金が百億あって、道端に出ていって全部分けてあげたとしま す。それでも心が安らかでないというのです。世界の人類をみな助けてあげられなかったので、お金がもっとあれば、もっと分けてあげたいのです。神様の心は、推し量ることができないというのです。神様の心がそうなのです。ですから自慢することができないというのです。いくら大きいことをやったとしても、心に尋ねると「もっとやらなければ」と、このように答えるというのです。（一三－一－八〇）

＊

自分の心を清めなければなりません。心を清めなければならないというのです。心が先生よりもいいのです。心は永遠の私の主人です。ですからよこしまな心をもつなというのです。公理に属した公的立場に立った心をもたなければなりません。（一三－一－七八）

＊

ある人をさっと見れば、その人がどんな人かということを、心は一遍で分かるのです。すぐにもそれが分かるというのです。ですから一番近い先生が自分の心です。ですからその心を苦しめるなというのです。心を悲しませるなというのです。それは先生を悲しませることであり、天宙の主人を悲しませることです。心が私の生涯の主人です。ですから心を悲しませるのは、私の生涯の主人を悲しませることなのです。心が喜ぶことのできる道を行かなければなりません。（一三－一－八〇）

心と楽しむ時間をもたなければなりません。世の中で見れば、寂しい立場のようですが、心と友達になる時間です。心と座って、瞑想《めいそう》でもしてみよというのです。深い祈りの境地に入るでしょう。人知れぬ深い世界に入るのです。そのようなものが必要です。(二三一―一八〇)

＊

2. 三位一体を成してこそ完成人間

統一教会では三位一体を主張しています。それを何によって一体化させるのかといえば、正に真《まこと》の愛を中心として一つにするというのです。観念と実在に対する問題も深く入ってみると、いろいろな背景があります。それを解明していけば、正にこの道が正当な道だということが分かるのです。それは、体恤《たいじゅつ》してみれば証明されるのです。(二一七―七)

＊

良心が正しい、行動が正しい、心身一体圏を成しているというとき、それは何を中心として言う言葉でしょうか。言葉だけではいけないのです。行動だけでもいけないのです。心身一体圏の決着点はどこでしょうか。「まず九〇度になりなさい。九〇度になるには、すべての世の中で水平として中心になることのできる基準を立てなさい。西洋に行っても東洋に行っても連結できる標準的な人間になりなさい。それで歴史的に現在と未来を通じて見ても、それは間違いないと言える基準にならなければならない」。これが結論です（二〇五―二七）。

＊

人間の貴重な価値を満点にするのは、真の愛と一体になるときに可能なのです。心身一体とは、良心と肉身が共鳴圏に立っていることを言います。音叉《おんさ》の周波数が同じとき、一方をぽんと打てばその反対の音叉が響きます。それと同じように、真の愛によって良心を打てば肉身が響くのです。真の愛によって肉身をぽんと打てば、良心が共鳴圏をつくるようになるのです。そこには、教育は必要ありません。その真ん中に入れば、教えるべきすべてのことが分かるようになっているのです（二三―二四）。

＊

統一教会の勇士は、どんなことがあっても心身一体圏を成さなければなりません。この生涯の間に心身一体圏をどのように成すのでしょうか。それを成すことができない者が愛を考え、理想を考えるということは恥ずかしいことです。天運に反するのです。そのようなものを完成した自分自身を指向する、そこに新たな希望の道が連結されるのであって、ただそのままの基準においては新たな希望の天国に連結される道が現れません（二〇五―二七）。

心身一体をどのように成すのでしょうか。歴史を通じて心身が紛争しています。神様がそのように創造されたとすれば、そんな神様は人間の敵です。自分がそんな立場にいることをはっきりと知って、神様に「神様自体の心と体が人間のように争いますか」と尋ねたら、神様はどう答えるでしょうか。そんなことを考えてみた人がいますか。

神様も人間のように良心と肉身が、心身一体できずに闘っているのかと聞いてみれば、神様は間違いなくそうではないと答えられます。皆さんは、そんな境地に到達したことがないので知らないかもしれませんが、統一教会の教主としては、そんな境地をいつでも連結できる道があるので、間違いありません。神様は心身一体となっていらっしゃるのです。(二三・一二四)

＊

宗教生活は体を主管するものです。三年ないし五年以内に習慣性をつくるのです。そうならないままでも、不便な自分を発見できないときには、心身一体をいくら願っても道がないのです。先生の第一目標は「宇宙主管を願う前に自己主管を完成せよ！」ということです。自分自身の統一圏を成せない人がいくら世界を飛び回ったとしても、自分と関係をもつ道は絶対にないのです。(二二・一三八)

＊

人間の体はサタンの血統をもっています。皆さんの良心は、アダムとエバが長成期完成級に成長するときまであった神様の良心の基準まで成長しなければなりません。それは信念です。それと反対の愛の力によって、この良心以上の力によってサタンにだまされてしまいました。良心も肉身の方向に従わざるを得なかったのです。

良心のほうにもっと力を与えなければなりません。ずっと多くの力を与えれば、肉身がいくら強くてもついてこざるを得ないのです。そうでなく良心が肉身より弱ければ、現在の状態よりももっと下に落ちることになるのです。この二つの道しかありません。それで断食とか水行をして犠牲と奉仕をするのです。それ以外の道はありません。

皆さんそうですか。この道を歩んでいますか。死んでも犠牲と奉仕をしようと誓いますか。それで死ぬ覚悟をして反対の道を行かなければならないのです。宗教の行く道、それは克服の道です。心身が闘うそれ以上の克服の道なのです。その道を行かずしては心身一体を成すことができないのです。（二三三―二三八）

＊

統一教会に入って長くなったからといって、罪を埋めていてはいけません。それを清算しなければなりません。手続きを踏んで清算しなければならないのです。私の生涯のすべてのものを白紙化させて、そこから新たに復活してエデンの園で罪を犯さず、神様が造られた心と体が完全に真《まこと》の愛と一つになることのできる本然的な私だ、と自覚できる男性と女性にならなければなりません。分かりましたか。

そうでなければ故郷へ行くことはできません。皆さんは故郷の家を訪ねていかなければなりません。そこには神様がいらっしゃり、本然的父母がいらっしゃり、本然の私たちの家があり、皇族圏生活を中心として万国を治めることのできる長子権国家の後孫たちが住むべき所なので、そこが新しい私の故郷の家です。自分が生まれたその故郷ではなく、新しい私の故郷の家、本然の家を訪ねていくにはどうしなければならないでしょうか。その故郷に入ることのできる資格を備えなければなりません。そうするには私自身が心身一体となり、統一圏を備えなければならないということを知らなければなりません。(二三一―二七)

＊

いくら良くできなかったとしても「神様、私はこのように良くできませんでした」と、このように率直でありなさいというのです。そのように祈祷しなさいというのです。「本然の心がこうで、父の心がこうで、師の心がこうで、国の民の心がこのようになるべきではありませんか。このような心を神様の愛と連結させようと、忠孝を尽くす私の心は変わらないでしょう。このような心を哀れに思い、きょうのこの心の前に、すべてのことを許してくださることはできませんか」と言えば、神様が「うんうん」と言われるのです。祈祷する方法も知らなければなりません。分かりましたか。(一四九―九)

＊

神様は、いったいどこにいらっしゃるのでしょうか。神様が住まれるところは、いったいどこでしょうか。神様は最も価値のある愛に定着します。それならこれが男性と女性の二人だとすれば、神様はどこにいるのでしょうか。神様は一体化し、変わらない、統一された愛の最も底に、垂直に住んでいらっしゃるのです。これが何かといえば、男性と女性が一つになった所、それが中心点になるのです。皆さんが神秘な祈祷の境地、霊的体験圏に入って、「神様！」と言えば、おなかの中から、「どうして呼ぶのか。ここにいる、ここ！」と答えます。「ここ」というのは自分の心の中です。心身一体となった愛の中心点、垂直の場にいるのです。神様の点を垂直と見れば、これをゼロ点というのです。(二四一-一二四)

＊

心身一体となれば、宇宙の力が保護してくれるのです。宇宙の力が保護してくれる心と体になれば、父母も宇宙の因縁をもった父母、兄弟もそのような因縁をもった兄弟です。みな因縁を結んでいます。民族、国が因縁を結ばなければならないのです。素晴らしい結論です。それで国を越えて他の国に行っても、そのような一体圏を成せば、そこでも通じるのです。どこでも通じるのです。サッカーをするとき、ボールが転がっていって止まったら、どうなりますか。その表面全体が合わさることができる所は、垂直線を通るのです。それで、球形体を理想的な存在だというのです。表面のどんなところでも、その垂直線が安着できるのです。それで転がっていくのです。どこでもみないいので……。それで心身一体圏、九〇度の角度になればどこでもみな合うのです。西洋人と東洋人、過去の人と現在の人、未来の人もどこでもみな合うのです。(二〇五―二七)

3．心が正に師であり近い神様

心とは誰でしょうか。私の主人です。私の先生です。心は誰かと言うとき、心に似た体を生んだので、私の体の根源です。ですから平面的にお母さん、お父さんの代わりです。心は父母の代身であり、師の代身であり、その次は主人の代身です。(二二一―二四)

＊

皆さんの心は、師が必要ありません。心は第二の神様です。師についていかないで、統一教会の先生に侍らないで、皆さんの心に侍りなさい。心はどうですか。朝早く起きて一人、ねずみの子の音も聞こえず、はえの音も聞こえない静かなときに、「ああ、私はこんなことをしなければいいことをしなければならない」と言えば、心が「うれしい！　うれしい！　早くしろ！」と言いますが、悪いことを考えれば、心が「こいつ！」と言うのです。心が分かるでしょうか、分か

らないでしょうか。分かるのです。そうだというのです。心は、よく知っているのです。（二三八―一二五）

＊

心の価値、私にとって心がどれほど高いものかを考えてみたかというのです。心は、体が間違った所へ行こうとすれば、いつでも忠告し、「こうしてはいけない」とみな制裁するのです。しかし体は、いつも心を攻撃し、無視し、踏みつけて、自分勝手だというのです。迫害を受けながらでも死ぬ時まで、私にとっての戦友のように、師のように、主体的使命を全うすべく犠牲を払っていくのが、私たちの体についている心だ、ということを考えてみたかというのです。（二一七―九二）

＊

人間の主人は、正に自分の良心です。この良心がどれほど皆さんのために忠告し、昼夜を分かたず悪い考えをすれば、「おい、こいつ！」と言って、疲れずに引っ張って峠を越え、川を渡ろうと、どんなに気をもんだことでしょうか。このように、心は、真《まこと》の主人の姿をもって私を保護しようとするのに、裏切った体、一つしかない宇宙から貴い師として賜り受けた先生であるにもかかわらず、この先生を手荒にあしらった体、また私の本然の愛の心を引き継いでいけるように、父母の代わりに送ってくださった良心を容赦なく蹂躙《じゅうりん》したこの体、このように心の怨讐《おんしゅう》となったこの体を、皆さんは愛しますか。いいえ！（二〇一―二五三）

＊

もう、私たちが誰かの言葉を聞く時は過ぎ去りました。どんな真理よりも、千万倍素晴らしい師の言葉よりも、私の心の声を聞き、聞いてもまた聞きたくて、その心を求めていくべきです。そうすれば、私も分からない無限大の何かが出てきます。それが創造の内容です。（七一―七三）

＊

良心が体のために、どれほど犠牲になったことでしょうか。一生の間蹂躙《じゅうりん》される良心の事情を皆さんは知っていますか。昼も夜も私を管理するのにくたびれているのが良心です。それでも疲れずに体が悪い行動をしようとすれば、やめさせようとするのです。「そんなにやったのならもうやめなければならないのではないか。私の言うことを聞かなければならないのではないか」と、そう言うでしょう。自分の前に一番近い、父母の代わり、神様の代わり、師の代わりの存在が良心です。心自体には教育が必要ありません。しかし体には教育が絶対必要です。（二二四―一六〇）

＊

私が一つ聞いてみましょう。皆さんの心と体を中心として見るとき、心がどれほどかわいそうですか。心は神様の代身です。心は烈祖（功績のある先祖）、先祖たちを代表するのです。心は師を代表し、心は王を代表するのです。ところがこれまでこの心をどれほど蔑《さげす》み、手荒にあしらいましたか。宇宙の中心として真なる父母の立場にあり、真なる師の立場にあり、真なる主人の立場にいる、真の愛をもった主体としていらっしゃる方の代わりにあるその心が、この地上において私一人を収拾するために、どれほど犠牲になったことでしょう。そのように犠牲になりながらも不平を言いますか。

ただぞんざいに扱われ、引っ張られて回りながら、死んだと思っていたのに、悪い考えをもって夜中にどろぼうでもすれば、「おい、こいつめ！」と再びよみがえって忠告するのです。皆さんは、そのような心を、どれほどもてあそびましたか。心は父母の代身であり、心は師の代身であり、心は主人の代身です。心の世界には、公判が必要ありません。皆さんが、皆さん自身を誰よりもよく知っています。第三者、証人が必要ないのです。(二〇九―一五四)

＊

私自身に、偉大な師がいることを知りませんでした。心は、偉大なお母さん、お父さんの代身なのです。お母さん、お父さんが心に逆らって訓示するはずがありません。心がお母さん、お父さんのように訓戒するとき、服従できなければなりません。このようなすべての秩序的環境において、起源になり得る道義的な結論が出ていません。そのような公式が出ていないというのです。心を虐待してはいけません。皆さんは、二重人格が好きですか。心は、先生の代身、父母の代身、神様の代身です。心を教えることのできる師は、いません。(二〇七―二六七)

＊

すべての人間は、それぞれ自分の中に、最も貴い師を一生の間ずっともっているのです。にもかかわらず、その師を間違って待遇し、踏みにじり、濫用します。その師が、正に人間の良心です。私たちの良心は、常に私たち自身にもためになるように言葉を語り、私たちを真《まこと》の愛と連結させてあげようとします。父母のように私たちの良心は、私たちをして善なる非利己的な人になれと促し、神様のみ意《こころ》に従って行動するように導いてくれます。しかし、各自の心の中にはまた、良心の声にいつも逆らう反乱者がいます。その反乱者が、まさしく肉体なのです。（二〇一―二〇八）

＊

「宇宙主管を願う前に自己主管を完成せよ！」というのは、道義の道を開拓したときの標語でした。「宇宙主管を願う前に、この世の万事と何らかの関係をもつ前に、自己主管を完成せよ」と言いました。貴重な三大お客様です。主人になれる、師になれる、父母になれるこの方を、私の体が千年、万年仕えても不足だという自分自身を発見するときに、初めてここに天運が臨むのです。心は体のために生きようとするのですが、体は心のために生きません。これが問題です。問題は、私自身にあるのです。社会にあるのではありません。（二〇一―一五四）

＊

このように心は、真なる主人の姿をもって私を保護しようとするのに、裏切ったこの体、宇宙から賜り受けた一つしかない貴い師であるにもかかわらず、この先生を容赦なく手荒にあしらったこの体、また私の本然の愛の心を引き継げるように父母の代わりに送られた良心を容赦なく蹂《じゅう》躙《りん》したこの体……、このように心の怨讐《おんしゅう》となったこの体を皆さんは愛しますか。いいえ。心と体の闘いをやめさせる前には天国はないのです。どの聖人もこのようなことを考えませんでした。(二〇一—一二七)

＊

陰と陽、性相と形状というプラス・マイナスは、相対的であって、相反することができません。しかし今日、堕落した人間には心の声もあり、体の声もあります。心と体が一つになっていません。神様に似て生まれるべき男性や女性の心と体が、どうやって分かれたのかというのです。これが問題です。神様は絶対的な方なので、私たち人間においての標準相である心と体が絶対的に一つになって、神様の全体世界に和合し、一つの中心的な役割をすべきなのにもかかわらず、私たちの心と体がどのように分かれたかというのです。心と体が分かれたのが、心のままになされたことなら、神様はいないのであり、理想や統一や平和や幸福といったものの基地を見いだすことができません。(一九五—二〇三)

＊

神様は遠くにいるのではありません。私の中にいます。心が皆さんの主人でしょう。夜にただ悪いことをしようとしても、現れて「行くな」と言い、いつでも現れて主人の役をして、どこででもお母さんのように、先生のように教えてくれるのです。ですから、この体のやつが怨讐です。体が怨讐だというのです。(二〇一—六〇)

＊

神様は誰に似ましたか。私たちに似ました。男性と女性です。皆さん、心は見えないでしょう。心を見たいですか、見たくありませんか。神様も同じです。神様が霊的な立場から見れば、神様も体がありません。今まで体がありませんでした。アダム完成が成されなかったので、体が今までなかったというのです。心のような宇宙に、心のような主人、心のような師、あるいは管理者、心のような父母としているのです。（一九七―四四）

＊

皆さん、心と体が一つにならなければ駄目なのです。そこに焦点を合わせなければなりません。祈祷するとき、心と体が呵責《かしゃく》を覚えるものがあれば、悔い改めなければなりません。悔い改めるときは一人ではいけません。東西南北を備えなければなりません。自分に一番近い人、父母に通告しなければなりません。師に通告しなければなりません。その次に、自分の息子、娘に、自分の弟子に通告しなければなりません。「私に、これこれこのようなことがあるのだが、許してもらえるか」と言うのです。こうして心を合わせて後援を受けられる、このような道を行かなければなりません。何のことか分かりますか。（一八四―二〇二）

＊

心と体がいつ統一できるのか、それを考えなかったでしょう。これが深刻な問題です。一生の間心と体が闘うのですが、この闘いをやめさせる者は誰でしょうか。これが問題です。私たちのお母さん、お父さんもやめさせられません。王もやめさせられません。師もやめさせられません。聖人もやめさせられません。この心と体の闘いをやめさせられる主人は、どこにいるのでしょうか。深刻に求めてみましたか。それが真《まこと》の愛だというのです。(一八四―一九二)真の愛。

*

心は、皆さんの番人となって昼も夜も皆さんを守ってくれ、皆さんに休みなく「善なることをしろ。善なることをしろ」と言うのです。ですからどんなに疲れるでしょうか。生まれたその日から、意識的に考えることができ、社会環境においてすべての制度を分析できる知能的起源が生じるその日から、生涯をついて回るのです。

自分の師もついていくことはできず、お母さん、お父さんもついていってくれませんが、生まれたその日から死ぬ時まで、永遠に良心は私に対して命令するというのです。神様に似なさい、聖人に似なさい、愛国者に似なさい、孝子に似なさい……。それと同じように似ることを願うのですが、「体よ、お前は私に似なさい」と言うのです。(一七九―二五八)

*

皆さんの心と体の統一も、真の愛でなければできません。ですから心は、体のために犠牲になりながらも忘れ、また忘れ、また忘れるのです。心は、神様の代身としての立場なので、皆さん

の師の中の師です。その心は神様が御自身の代わりに送ってくれた私の中心です。縦的な私です。(二二六―七)

五　真の人間が行く道

1. 人間が求めて行くべき道

本性の心が行く道を行けば、宇宙が一つに広がります。そのような何かがなければなりません。そのような境地に入れば、自分の心と話をするようになるのです。そのような境地では、心と話をするのです。何かをしようと思えば、既に答えが出てくるのです。そのような境地まで進むのです。そのような境地にいる人が、自分の行く道が分からないでしょうか。もう行く道が確実です。宇宙のすべての作用の力が助けるのです。手を引っ張って試験場へ入れば、既にすべてのものが協助するのです。そうしてこそ大きいことができるのです。(二二〇―三一七)

＊

偉大な力の背景をもって生きることのできる人間が、真の人間です。真の人間にはそのように無限の力のバックグランド（背景）があって、自分が指向する方向に無限に後押ししてくれるのです。方向が間違えば、すぐに分かるというのです。統一教会は、皆さんがいい加減に知っているような統一教会ではありません。深い背景、偉大な力のバックグランドをもっているのです。ですから皆さんが努力をしてこのような境地を連結して上がれば、すべてのものがみな解決されるのです。ですからそのような面で、皆さんが行く方向感覚を決定しなさいというのです。それは自分がしなければなりません。自分が一番よく知っているのです。（二〇一―三一七）

＊

自分が行く道を求めていかなければなりません。お金さえもてばすべてでしょうか。そうではありません。お金が必要なときがあり、また人として自分が行くべき、他の道を行くべきときもあるのです。ですから、自分が行く道は自分が決めなければなりません。自分自ら、自分の深い心の底から本来自分がもって生まれた本質と共に和合して、未来の目的を指向することのできる、天があれば天がその方向を提示するようにして、自ら解決するようにしなければなりません。（二〇一―三二四）

＊

磁石は地球の引力を凌駕《りょうが》した作用として現れるようになっていますが、そのような作用は何によって可能なのでしょうか。地球の重力以下の作用として、その作用を越えるというのです。ですから私たちの良心も同じです。生まれたなら、既に自分が生まれた背景がさっと分かるのです。

これは自分が判定しなければなりません。そのようなものを感覚、判定できなければ、皆さんは将来大きいことができないというのです。(二二〇—二〇二)（二二〇—二〇二）

＊

私たちが自然を見て「ああ、私は四季が必要ない。私は春だけ必要であって、夏や秋や冬は嫌だ」と言うかもしれませんが、神様に尋ねてみると「私は四季がみな好きだ」と答えるというのです。ですから嫌いでも夏を好むことを習わなければならないし、秋と冬を好むことを習わなければならないというのです。雪が降る冬になれば、神様は白い雪が世界的に積もるのを見るとき、喜ばれるのです。「ああ、私もいい」と言うのです。そうでなければなりません。(一三三—一九)

＊

神様のような心で自然を見ることができなければなりません。そのような心をもたなければなりません。洪水が起こり雷が鳴ったりするときは、「ああ、あれは私は嫌だ」と言うなというのです。神様は「ほほ、あれはキスして結婚するのだな」と、このように考えるというのです。そして「嫌いだ」と言う人たちに、「ははは、おいこいつ！　ならず者たちよ！」と言うのです。(一三三—一九)

＊

人間を愛さなければなりません。人間の中でも五色人種をみな愛さなければなりません。「あ、私は白人だけ好きだ」と、神様がそう言うでしょうか。それならみんな白い服だけを着なければなりません。白人たちはみんな白い服だけを着なければなりません。色のある服は全部捨てなければなりません。

黒い服をなぜ着ますか。色のある服をなぜ着ますか。それは矛盾です。部屋に入れば、色とりどりのものがみなあるのに、ピアノなどもみな真っ黒ですが、どうして置いてあるのですか。黒板のようなものもどうしてもってきたのですか。その人たちには夜もあってはなりません。夜もあってはならないというのです。真っ黒な夜もあってはなりません。どうしてそうですか。白人中心ですか。白人中心が何ですか。それは、滅びる道です。滅びる道。それが何年も続くと思いますか。どれほど続くと思いますか。冬がいくら長くても三カ月しか続きません。永遠のもののために皆さんは、四季をみな愛さなければなりません。ですから白人だけ好んではいけないのです。(一三―一九)

＊

神様の愛は、神様のすべてを愛し、人類を愛するだけでなく、過ぎ去った過去、現在、未来の人類を愛してあげる愛です。ですから地獄へ行った霊人たちまでも解放してあげる運動をする神様だということを知らなければなりません。人は真理の道を行かなければならず、生命の道を行かなければならず、愛の道を行かなければなりません。いくら偉大だとしても「ため」に生きる基盤がなければ、すべてのものがついてこないのです。このように生きる人は自然に主体になり

ます。真《まこと》の生命の人になるのです。(一三三―一九)

＊

皆さん自身が、自分がどんな道を行くべきかを知って、行かなければなりません。方向をすっぱり決めたならそれを中心として、ありったけの精力をみな投入するのです。疲れて目を開けることができないほど、耳が聞けないほどに、すべてを投入しなければなりません。(一二〇―三九)

＊

統一教会で正常的な信仰生活をすれば、自分が何をすべきかすぐに分かるようになっているのです。しかし自分を中心として生き、自己の考えを中心として行動する人は分からないのです。船にいるねずみの子でも、波打てば船が破損することを知り、すぐに縄をつたって船が出る前にみな港の荷下ろし場へ出ていくのです。それなのに、人間にそれが分からないはずがないというのです。

　自分が行く道を知らなければならないというのです。ありも、梅雨になることがみな分かるではないですか。ありが引っ越しするのを見たでしょう。行列をつくって。意味のない空想でもしているので分からないのでしょう。自分が自分の分野を知らないという事実は深刻なことです。深刻に重要な一生の問題を天と共に話し合うべきです。そして自分自ら環境的与件に適応しなければなりません。それを誰がしなければなりませんか。それはいずれにせよ自分がしなければな

らないのです。（二一〇－三〇〇）

＊

人は、冷静になれば、心の深いところに心が落ち着く場があるのです。心が眠ることのできる場があるのです。そこまで私の心が入らなければなりません。そこで寝て、目覚めるときには鋭敏だというのです。そのとき、雑多な考えをせずに、精神を集中すれば、すべてに通じます。ですから修養が、祈祷が、必要なのです。（二一〇－三〇七）

＊

先生も祈祷するのです。精誠を尽くすのです。いつも精誠を尽くさなければなりません。精誠は、一度だけ尽くして使ってしまうものではありません。刀は、常に研がなければなりません。刀を一度使って、研がなければどうなりますか。いつも研がなければなりません。一度、激して怒ったならば、いつも磨いておかなければなりません。それが問題です。静かに、心の位置をつかまえておかなければならないのです。（二一〇－三〇七）

＊

心情の世界の中央に行けば、下がったり上がったり運動するのです。自動的に運動するのです。これが息をするということです。地球も、息をしていることを知っていますか。地球も、一メートル近く息をするのです。こうしながら調整しているのです。円形に曲がったところを調整するのです。ですから心情の世界も、中央はすべて軸を中心として上がったり下がったりするのです。運動するのです。(二二〇—三〇八)

＊

すべての存在物は、楕円形《だえんけい》で形成されたものです。ですから、心の、心情の中心、真ん中に入ってみよというのです。そこで、無限の力が伝わるのです。それで九〇度の角度さえつくれば、無限な力を九〇度で保つことができます。それで修養の道を行かなければなりません。精誠を尽くしてこの世のすべての面で、深い心霊世界を体験しなさいというのです。なぜでしょうか。一生の間生きていくのに、推進力を無限に供給してくれる一つの源泉が必要なので、そのようなことをするのです。(二二〇—三〇八)

＊

先生も、先生自身が今もっている力より、もっと大きい世界的な仕事をするときは、深刻だというのです。もっと大きい力が必要なときは、それを、どこからもってくるのかということが問題になります。もってこれないときは、それをどこから補うのかが問題になります。もってこれないときは後退しなければならないのですが、そうすることはできません。ですから祈祷が必要であり、神様が必要なのです。

心情の世界が、それで必要なのです。愛の世界は、いくら引っ張り出しても終わりがないのです。物質の世界も終わり、知識の世界も終わり、権力の世界もすべてが崩壊し得るのですが、心情の世界は無限なのです。ですから心情の世界を中心として動かさなければなりません。(二一〇―三一〇)

＊

神様は独裁者ではありません。神様も人間のために投入しました。そう、神様が人間の前にいるのは、「ため」に存在するのです。ですから千年、万年神様についていこうとするのです。「ため」に生きる天理の宇宙の存在世界の前に自分自らの存在位置を維持するためには、「ため」に存在しなければなりません。「ため」に生きることが東洋、西洋に通じることができ、古今に通じることができるのです。

神様は昔も今も東洋にも西洋にもみな同じ愛をもっているので、東洋、西洋を克服することができ、過去、現在、未来を克服することができるのです。それは何かと言えば、過去も現在も未来も克服できるので、いつも発展できるし、東洋、西洋を克服するので、東洋、西洋を統一できるというのです。これは愛でのみ可能なのです。(一八七―八九)

＊

自己主張するときは自己破壊、相対破壊、神様破壊、完全に分離されるのです。そこでは統一的理論を発掘できないことを知らなければなりません。簡単な言葉ですが、重要な言葉です。私たちが理想を求めていく最後には、究極には神様の愛と縦的な統一を要求しますが、その縦的基準が早く来いと催促するためには、互いに「ため」に生きなければなりません。「ため」に生きるところから、完全に統一圏が広がるのです。(一八七─九〇)

＊

どのように統一されるのでしょうか。先生がどのように統一するのでしょうか。何によってですか。こぶしによって、力によって、お金によって、権力によって、知識によってですか。愛を中心とした、「ため」に生きる立場で、万事が解決するのです。結論は簡単でしょう。真《まこと》の愛を中心として「ため」に生きていくところに、悪魔の世界が天の国へ再創造されていくという結論です。それは理論的です。(一八─二三四)

2．真の人間の行く道

自分を中心として作用しようというのは悪をもたらしますが、全体のために作用しようというのは発展をもたらすのです。これを知るべきです。

全体のために行くところには、すべてのものが門を開くのです。個人も門を開き、家庭も門を開き、氏族も門を開き、民族も門を開き、世界も門を開き、天の国も門を開き、愛の道や、すべての道が門を開いて歓迎するというのです。

そのような道とは何でしょうか。これを私たちは考えなければなりません。それで統一教会はこのような観点で「ため」に行く道を取れ、「ため」に生きよ、と「ため」に生まれたという天理を教えるのです。（一三三―一六）

＊

真の人生が行く道とは何でしょうか。一つの公理として立てるべきことは「ため」に生きよということです。これは、どこでも通じる原則ですから、万古《ばんこ》不易《ふえき》（注：永久に変わらないこと）です。過去、現在、未来がないので「ため」に生きよというのです。ここに孔子やイエス様やお釈迦《しゃか》様やムハンマドのような、すべての聖者といわれる人の前に神様が現れ、「あなた方は、どう思うか」と言えば、「そのとおりです」と言うでしょうか。「それは違います」と言うでしょうか。「正しい」と言います。それが宇宙の法則です。それが、人間が人生において真の姿で生きられる一つの法だということを知るべきです。このような真の道があるのです。（一三三―一八）

＊

世界的な人物になるためには、どうしなければならないでしょうか。人倫道徳だけを中心としてはいけません。人だけを中心としてはいけないのです。人だけを中心としては国を越えることができません。国を越えることのできるそのような内容は、天にあるのです。天宙思想をもたずしては国を超越できないのです。ですから聖人たちが何を紹介したのかといえば、人間だけを紹介したのではなく、神様を紹介しました。聖人の等級に同参した人々を見れば、神様を崇拝しましたか、しませんでしたか。神様を抜きにして聖人になった人がいますか。また聖人たちは、人倫の道理だけ教えてくれたのではなく、天倫の道理を兼ねて教えてくれたのです。(二二―九二)

＊

家庭で父母に尽くし愛する人は、孝子です。国のために生き、愛する人は、愛国者です。世界を愛する人は、聖人です。それでは、先生が教えるものとは何ですか。神様と世界と宇宙を愛する聖子《せいし》になれというのです。皆さんは、どんなものになりますか。聖子になりますか。孝子、孝女になりますか。そうなるには、神様のような愛を心にもたなければなりません。(一二九―九九)

＊

神様は、短い生涯を生きて死んでいく人間の前に、一番良い標語、一番良い課題を賦与せざるを得ないので、その課題を「誰よりも神様を愛しなさい」という標語として掲げたというのです。それによって、誰もなることのできない神様の息子になれるのです。神様の息子になる日には、聖人完成はもちろん、忠臣完成ももちろん、孝子完成ももちろん、すべてのものが完成だというのです。このようになれば、家庭でも勝利した立場に立つのであり、国家的基盤においても勝利者となるのであり、世界的基盤においても勝利した者となるのです。(一〇〇―一五七)

＊

統一教会は何をしようというのではありません。聖人をつくろうというのです。偉人をつくろうというのではありません。偉人の前には怨讐《おんしゅう》がいますが、聖人の前には怨讐がいません。偉人は自分の民族だけを愛した人ですが、聖人は人類を愛した人です。それゆえ偉人が神様の前に出ていくとき、「お前はお前の民族は愛したが、私が愛する、私が求める世界人類を愛することができなかったではないか」と言われれば、出ていくことができませんが、聖人の道理に従っていった人は神様の前に直行できるのです。統一教会は何をしようというのですか。偉人をつくろうというのですか、聖人をつくろうというのですか。(三八―二六三)

＊

宇宙を造った神様とは、宇宙の法度を立てた神様とはどんな方でしょうか。全宇宙を通じて、誰よりも「ため」に生きる代表的な立場に立った方です。その方が神様だというのです。ですからその方に出会うには「ため」に生きなければならないのです。その方は知識の大王でありながら、「知識をもって神様の前に来い」とは言いません。能力の大王ですが、「能力をもってこい」とは言いません。権力に対する、お金に対する、物質に対する主人であり、大王ですが、「それをもってこい」とは言わないのです。「ため」に生きてくれれば、すべてがついてくるというのです。(二三三―一六)

3.「ため」に生きる法度を立てた理由

私たちが思うに、愛とか理想とか幸福とか平和とかという言葉は、一人では成立しません。これは相対的な関係で成立する言葉なので、いくら絶対者神様がいらっしゃるとしても、その神様が願う理想と幸福と平和は一人で成すことはできないのです。神様の理想を成就させることができ、神様の愛を成就することができ、神様の幸福と平和を完結させられる対象が人間だ、という事実を私たちは考えることができなかったのです。神様一人で愛すれば何をし、神様一人で理想をもって何をしますか。相対的な人間を通じずにはこのような要件を成就させることはできないということは、当然の結論です。(七五―三二五)

＊

知恵の王であられ、全体の中心であられる神様の真《まこと》なる愛や、真なる理想や、真なる幸福や、真なる平和の起源を主体と対象、この両者間のどこにおくのでしょうか。これが問題にならざるを得ません。主体がいらっしゃる反面、対象がありますが、主体のために生きる道と対象のために生きる道、この二つの道の中で、理想の要件をどこにおくのかということが、創造主であられる神様として問題とならざるを得ません。

それで真《まこと》なる理想、真なる愛、真なる平和を成すにおいて、主体を中心として対象が主体のために生きるところに理想的起源をおくのか、対象を中心として主体が対象のために生きるところに理想的起源をおくのかという問題を考えられた神様は、その理想的起源を対象が主体のために生きよという立場に立てるならば、神様がそうなると同時に、すべての人も自分がある対象をもつことができる立場に立つならば、自分のために生きるという立場に立つようになるでしょう。そうなれば、一つになることのできる道がふさがってしまいます。これを知るべきです。(七五―三一八)

＊

一つになることができ、平和の起源になることのできるその道は、どこにあるのでしょうか。神様御自身だけでなく、真の人間は「ため」に生きる存在だという原則を立てざるを得なかったのです。ですから真の愛は、「ため」に尽くすところから、真の理想も「ため」に尽くすところから、真の平和、真の幸福も「ため」に尽くす立場で成り立つのであって、「ため」に生きる立場を離れては見いだすことができません。これが天地創造の根本だということを、私たち人間は知りませんでした。(七五―三一八)

＊

男と女が生まれたのは、男は男のために生まれたのではなく、女のために生まれたし、女は女のために生まれたのではなく、男のために生まれたのです。生まれるのに自分のために生まれたのではありません。自分のために生まれなかったのに、自分を主張するのです。「私、私」というこの思想を壊してしまわなければなりません。これさえ壊してしまえば、統一の世界が展開するというのです。（六一―二六六）

＊

自分の価値を自分から追求するよりも、相対から、すなわち相対的基準からその価値を追求することのできる道を探求する人は、不幸な人ではありません。いつも、どこでも心情の土台は相対圏をもっているので、どこに行き来しても彼は寂しくなく、幸福であり得るのです。（五九―二〇〇）

＊

神様は、なぜ「ため」に存在する原則を立てざるを得なかったのでしょうか。まず皆さんに尋ねますが、もし皆さんのために誰かが心から生命を尽くし犠牲になりながら一〇〇パーセント恩賜を施した人がいるとすれば、皆さんの本心がその恩に報いるのに五〇パーセントはポケットに入れて五〇パーセントだけ報いたいですか。それともありったけの恩返しをしたいですか。私たちの本心がどのように作用しますか。

誰でもより多く報いたいのが本心です。与えるままに心から愛する中でくれたことを知れば、一〇〇パーセント以上を返そうとするのです。一〇〇パーセントが一一〇パーセントになって帰ってくるし、その一一〇パーセント帰ってきたのは、また向こうが心からくれたので一二〇パーセントを返すようになり……。このようにすることによって、ここで永遠という概念が設定されるというのです。永遠が始まるのです。ですからこのような原則を立てざるを得ないし、それだけでなく、ここから発展と繁栄が生じるのです。(七三—三—二六)

＊

理想と愛は人間にとって生命よりも貴いものなのにもかかわらず、今日人間たちはこのようなものが自分のものとして自分に現れると思っていること、これが大きな誤解だというのです。愛と理想はどこから来るのでしょうか。対象から来ます。対象から来るので、「ため」に生きる法度を立てざるを得ないのです。知恵の王であられる神様はこのようなすべての結果を御存じなので、そのような法度を立てざるを得ないということを知るべきです。(七三—三—二六)

＊

永遠という概念、これは自分の「ため」に生きるところでは不可能なものです。皆さんが運動するのを見ても、押してくれ、引っ張ってくれる相対的方向が、大きければ大きいほど早く回るのです。知恵の王である神様が「ため」に存在する法度を立てたのは、永遠であり得るために立てられたということを知るべきです。(七五—三—二)

＊

私たちの中で、人に主管されるのは死んでもできないと考える人たちが多いと思います。さらに識者層にいる高名な方の中に、このようなことを多く見ます。しかし一つ知るべきことは、今までの人間たちが「ため」に存在するその方に主管されて生きることが、どれほど幸せかという事実を夢にも考えられませんでした。霊界の組織を見れば、天地の大主宰であられる神様、その神様は宇宙万有の存在の中で、「ため」に存在する中心存在なので、その方に支配されるのがどんなに幸せなことか……。千年、万年支配されても感謝することのできる理想的統一圏がここに成立することを知っているので、神様は「ため」に存在せよという原則を立てざるを得ませんでした。(七五―三一二)

＊

愛は私から始まったのではありません。生命よりも貴い愛と理想を見つけるには、対象がいなければできません。私たちはこれを考えつきませんでした。この高貴な愛と理想を受けることができ、それを見いだすことができる存在が対象です。ですから私たちが謙遜《けんそん》にその高貴な愛と理想を受け入れようとすると、最も「ため」に生きる立場でなければならないので、神様は「ため」に存在せよという原則を立てざるを得なかった、ということを私たちは覚えておくべきです。(七五―三一二)

＊

愛は一人では成されません。愛はどこから出てきますか。私から出てくるのではなく、対象から来るのです。対象から出てくるので、私が頭を下げて対象のために生きなければならないのです。「ために生きよ」という天理がここから生まれるのです。極めて高貴なものが私を訪ねてくるのですが、それを受けようとするので、高め、「ため」に生きるべきだというのです。「ために生きる哲学」を成してこそ愛されるのです。(八六・三・一四)

＊

真《まと》の愛は、与えても忘れ、また与えようとする愛です。偽りの愛は、与えても付け加えて商売する愛であり、与えたのでお前はそれ以上返しなさいという愛です。これはサタンの愛です。(八六・一・二)

＊

私たちの本郷は、神様の「ため」に存在する者たちだけが入るところであり、「ため」に生まれ、「ため」に生きて、「ため」に死んでいった人たちが入る所です。これが私たちの本郷の理想的構造なので、神様は本郷を訪ねてこさせるために、歴史過程で数多くの宗教を立てて、訓練させてきたのです。

これまでの宗教が温柔謙遜でなければならず、犠牲にならなければならないと教える理由は、霊界の法度がそうなので、霊界に帰るべき人間たちを地上生活の過程でその霊界に合うように訓練させざるを得なかったからです。ですから高次元的な宗教であるほど、より次元の高い犠牲を強調し奉仕を強調するようになったのは、普段の生活を通じて、その世界に一致させようとする

ところにその原因があるのです。（七五―三二〇）

＊

しばしばこの世で、「ああ！　人生とは何なのか」と言いますが、人生観、国家観、世界観の確立、その次には宇宙観に対する確立、ひいては神観の確立が問題となるのです。これをどのように確立するのでしょうか。系統的段階と秩序をどこにおき、その次元的系列をどのように連結させるかという問題は、最も深刻なものです。しかし「ため」に存在するというこの原則に立脚して見るとき、最も価値ある人生観は、私が全人類のためにあり、全世界のためにあり、国家のためにあり、社会のためにあり、家庭のためにあり、妻のためにあり、子女のためにあるという立場から幸福な自我を発見することができるならば、これ以上の人生観はないと見るのです。（七五―三二四）

第二章　家庭観

一　理想的な家庭とはどのような家庭か

1. なぜ家庭が良いのか

家庭とは、神様の理想が顕現し得る起点であり、人類の幸福が顕現する起点なのです。人間におけるすべてのことが果たされる場であり、神様においても、すべてが完成する場なのです。なぜ家庭が良いのでしょうか。それは、父母の愛を中心とした自由な活動の基地となるためです。(二一四―一五)

＊

神様を中心とした永遠な父母の愛、永遠な夫婦の愛、永遠な子女の愛、この三つの愛があるのが理想的家庭です。(二〇〇―一九)

＊

人は必ず家庭をもたなければなりません。家庭を中心に見れば、家庭には父母がいて、子供がいて、物質があります。旧約時代、新約時代、成約時代における縦的な歴史のすべてを、代わりに横的に展開することのできる実体とは何でしょうか。万物と子女と父母です。すなわち、父母と子女と、その所有物です。これらが、家庭という一つの囲いの中で必要とされるものです。（二九—一五七）

＊

統一教会の理想は、どこか別のところにあるのではありません。出発も家庭であり、結論も家庭です。いまだこの問題を解決した者がいないので、それを願ってきました。そして、そこに幸福があるがゆえに、これを体系化し、天宙化して無限の価値を現したので、統一主義が公認されたのです。したがって、この主義を嫌う者がなく、皆が頭を下げて好むようになれば、世界は自動的に統一されるのです。（二六—一〇三）

＊

聖書六十六巻はすべて、理想的な家庭を願ったみ言《ことば》です。また、万民が願うこととは何でしょうか。理想的な妻を迎えることです。「そうではない」と言う男性がいるとすれば、それは人ではありません。また、女性として生まれた者の一番の願いは、理想的な夫に出会うことです。女性は、たとえ博士になって世界に向かって大きなことを言ったとしても、その願いは、理想的な男性に出会うことです。愛することのできる理想的な男性に出会って、福の多い息子、娘を生むことです。これが幸福の根本です。このように統一教会の教理を家庭に打ち込んであるので、これを取り除く者はいないのです。（二六—一〇三）

＊

天国はどこで成されるのでしょうか。私たちの家庭からできるのです。では、私たちの主義は何主義でしょうか。家庭主義です。私たちの標榜《ひょうぼう》する天宙主義とは、「天」という字に、家を意味する「宙」という字、すなわち天の家主義ということです。こうしてみれば、天宙主義という意味がはっきりするのです。(二六一一〇三)

＊

家庭とは、小さな社会に立脚した小さな国家です。小さな国家であり、小さな世界であり、小さな天宙だと言うことができます。ですから、家庭を離れては何もできません。このような家庭というものを教えてくれるので、統一教会は偉大だというのです。(二四一一三〇)

＊

家庭は、万古不変の起源であり、礎です。それは父親にも直すことはできず、兄弟にも直すことはできず、どの国のいかなる制度によっても直すことはできません。また、世界的にも直すことはできず、天と地も、神様にも直すことはできません。ですから、家庭というものには、革命という名詞が永遠に必要ないのです。(二五一八七)

＊

人の一生の中で、最も重要な時とはいつかというと、生まれる時、結婚する時、死ぬ時です。

それでは、生まれる時は、どのように生まれるべきでしょうか。良く生まれなければなりません。私たち統一教会でいう、「心情の因縁」を中心として生まれなければなりません。

次は、結婚する時です。結婚というのは、生きるためにするものです。すなわち、四位基台をつくるためにするのです。このような宇宙の公法を地球上に立てて初めて、神様のみ旨が果たされ、人間の志が果たされるのです。そのように、宇宙の法度が志向する内容を備え、その形態を整えるところが家庭です。（二四一―一三〇）

＊

世界は、家庭に倣ってできました。どんな世界もみなそうです。今後、理想世界は三位基台、家庭の三位基台を中心として成されなければなりません。

それでは創造目的とは何でしょうか。四位基台を完成することです。人間がまず四位基台を完成しなければならないので、誰もがみな、家庭を築くのです。人間は神様に似ていて、人間を中心とした社会は、神様を中心として人間に似ているのです。統一教会の先生は、今、世界に統一教会を立てて、そうなるようにしています。世界が、すべてそうなるべきだと知っていながらも、それが表に現れてはいません。しかしながら、そのような原則を通して、世界は、そうなっていくのです。理想世界というものは、全世界が一人の人の形を形成する世界です。そこにおいては、国家と民族を超越するのです。（二六一―一九〇）

家庭というのは世界を縮小した横的な基盤です。ここから国家と世界が始まるのです。家庭とは何でしょうか。家庭とは世界の横的な縮小体であり、絶対的な中心の前に相対的な基準です。では、私というのは何でしょうか。絶対的な中心がとどまることのできる足場です。(二六―二五八)

*

この世界を審判することのできる絶対的権限をもつものは、個体ではありません。真《まこと》なる家庭です。サタンも何を打ってくるのでしょうか。家庭を打ちます。それゆえ、家庭をもって一つとなれなければ破綻《はたん》するのです。親子の間に、夫婦の間に、破綻をもたらすのです。そして、家庭をもったのに、その家庭が破綻したならば、その人の傷は永遠にいやされないのです。その人をいくら慰めたとしても、どうにもならないのです。(三〇―八五)

*

私たちは、神様の願う家庭を中心とした父母、夫婦、兄弟とならなければなりません。(二四―三〇七)

*

なぜ家庭が良いのでしょうか。家庭には、お互いに自由に愛を授け受けることのできる基台があるからです。それゆえ、人は故郷を慕わしく思い、父母、兄弟のいるところを慕わしく思うのです。(三八―三二八)

＊

父親が喜べば、家庭全体が喜ぶのであり、妻が喜べば、家庭全体が喜ぶのであり、子供が喜んでも家庭全体が喜ぶのです。一時に宇宙全体が喜ぶことのできる場が、家庭というところなのです。(三〇―八六)

＊

心と体を収拾して完全な個人となり、夫婦が一つとなって完全な家庭を築かなければなりません。(三〇―一四六)

＊

お母さんとお父さんが一つとなれば、その家庭は発展し、子供と親が一つとなれば、より次元の高い家庭へと発展することを知らなければなりません。それでは、家庭と親戚の間で一つとなればどうなるでしょうか。そこには新しい民族正気《せいき》がわき起こることでしょう。それがより高い次元に向かっていこうとするならば、すべて環境的に結束し、国家基準にまで忠臣の血統として残り得ることを忘れてはなりません。(一六七―一二)

＊

天国の家庭は、無理強いしてできるのではなく、喜びの中で自動的にできるのです。愛するときも、受けようとばかりするのではなく、互いに授け受ける作用をしてこそ理想的な愛が成立す

るのです。(六七―二八)

幸福な家庭とは、夫が帰ってくれば、外であったことを妻と話し合い、新しく開拓し得る要因を発見する家庭です。互いに力を合わせて研究する家庭が、幸福な家庭だというのです。父母がそうなれば、子供たちもそこに加担して、「自分たちもそのような家庭を築こう」と同調するようになるのです。(二九―一一四)

＊

真《まこと》の家庭とは、妻を母親のように思って愛し、「ため」に生き、夫を父親のように思って愛し、「ため」に生き、妹と兄のようにお互いに愛し合うところです。さらには、自分の妻を神様のように愛し、自分の夫を神様のごとくに愛し尊敬する世界が、理想家庭の暮らす天国です。そのような伝統が、この地球上に立てられなければなりません。(二〇八―一八)

＊

母親と父親は、愛なしには一つになることさえできないのです。皆さんは、なぜ愛が好きなのでしょうか。好まずとも好まざるを得ないようになっているからです。両親が互いに愛し合う力が、自分のことを思う力よりも強ければ強いほど、理想的なのです。お母さんとお父さんを完全に一つに結びつけるものは、愛の綱です。鉄でできた綱は、時間がたてばさびついて切れてしまいますが、愛の綱は永遠です。また、親と子の間は、食べ物によっても、お金によっても結びつけることはできません。唯一、親子の関係の愛でのみ結びつけることができます。(一八—三二九)

＊

革命の要素を加えることのできない、そのような礎の上にできた家庭は、いかなる主義や思想にも吸収されることはありません。むしろ主義や思想を支配し、凌駕《りょうが》します。そのような基準が立てられた家庭は、十年、百年、千年たっても永遠に変わることはなく、民族と国家の形態が維持されるのです。(二五—八七)

＊

愛のふろしきとは、どんなふろしきでしょうか。本郷の国へ行って、そのふろしきを開いてみると、理想的な夫が飛び出してくるし、理想的な妻が飛び出してきます。また、理想的な家庭が飛び出してくる福袋です。ここから出てくるものは、一等復帰です。ですから、個人も一等、家庭も一等、氏族も一等、民族も一等、国家も一等、世界も一等なのです。すべてが一等ならば、高い低いということはありません。ですから、兄弟も、家庭も復帰されるのです。このように統一的基盤を造成していくために、宝の壺《つぼ》である愛のふろしきが必要なのです。(一九—二九五)

2. 家庭において社会愛、民族愛、人類愛が芽生える

神様を中心として一つとなるとき、千態万状の様相で回るようになるのです。それゆえ、兄弟の間で愛するときも、親が子を愛するのに倣って、兄が弟を愛さなければなりません。そのように愛して一元化した家庭には、家庭愛の花が咲きます。そして、これが社会愛にもなります。そしてさらには、これが民族を愛する民族愛となります。このように愛すれば、世界になるのです。ところが、今日それが漠然としているのです（二八一―七〇）。

*

子女の間の愛とは、どのようなものであるべきでしょうか。何を基準として愛さなければならないのでしょうか。お父さんとお母さんが愛するように、兄弟も愛さなければなりません。愛は誰から学ぶかというと、両親から学ぶものなのです（一六七―二五）。

*

理想的な愛は、家庭から生まれます。しかし、神様は真《まこと》の息子、娘をもつことができませんでした。真の兄弟をもつことができず、夫婦をもつことができず、また、父母となることができま

せんでした。それゆえ、それを成そうというのが神様のみ旨なのです。そのようなところであってこそ愛がとどまるのです。そのような愛のある所には、人々がこの世のすべてを捨てて、やって来るのです（四三―三四二）。

＊

真の愛とは何でしょうか。父母の愛、夫婦の愛、子女の愛です。愛は、互いに犠牲となる伝統が備わっていなければ、長く続くことなく壊れてしまうものです。父母は子供のために犠牲となるので、父母が子を愛する因縁は壊れることがないのです。そうして、真正なる父母の愛を受けて育った息子、娘であるならば、絶対に自分の父母に親不孝をすることはできないのです。また、夫は妻に、妻は夫に対して「あなたは私のために生きた」という立場で、よりお互いのことを思い、より犠牲となる立場が広がれば、その家庭は恵みを受けるのです。そのような家庭が、神様の訪ねてこられる福地なのです。

＊

一つの家庭を中心として、最も良いものとは何かというと、皆さんの子女に結晶するものではありません。それでは、家庭における最高の価値とは何でしょうか。父母です。一人の個人を考えてみても、皆さんにとって権力や知識、あるいは名誉やお金も貴いものかもしれませんが、そのどれにも勝って良いものは「父母」以外にはないのです。その次には皆さんの妻や夫が良く、皆さんの子女が良いことでしょう。

実際、皆さんの家庭において皆さんの父母や妻、そして子女よりも大切で価値あるものがあるでしょうか。ないのです。それでは、なぜ父母が良いのでしょうか。そしてまた、夫と妻、子女がどうして良いのでしょうか。「愛」があるからです。父母の愛、これは子供にとって絶対的に必要です。夫婦の愛、これは夫と妻にとって絶対的に必要なものです。そして、兄弟の間の友愛であるとか、子女が父母に対してもつ孝誠の心も、一つの家庭に絶対的に必要なものです。

＊

皆さん、誰が家で一番良いですか。お父さん、お母さんですね。なぜ父母が一番良いのでしょうか。愛を中心として一生の間関係を結ぶことのできる、最も近い立場にあるからです。

その次は愛する夫と妻でしょう。その夫と妻の、ある条件的な愛ではなく、無条件の愛です。その愛が、絶対的に天によって与えられた永遠な愛と密接に関係した愛ではなかったとしても、夫婦間の相対的な関係において結ばれる愛であるとすれば、その家庭に幸福と和睦《わぼく》をもたらす最も良いものではないかと考えられます。

その次は、父母に対する子女の愛、父母を思いやる子女の愛です。絶望ではなく、あすの希望として芽を出すことのできる理想的な環境を慕いつつ、明るく肯定的な姿勢で子が親のために犠牲となり、愛することができるとすれば、その子女の愛は、その子の幸福のための、純粋で真実な価値をもつ愛となることでしょう。

このように父母の真《まこと》の愛と夫婦の真の愛、そして子女の真の愛を完璧《かんぺき》に具備した家庭があるとすれば、その家庭は私たち人間世界で、最も理想的な家庭だと言わざるを得ないでしょう。

＊

一つの家を考えたときに、その家の中心になる人とは誰でしょうか。年を取った方、すなわち、曾《ひい》おじいさんがいるとするならは、その曾おじいさんが中心です。亡くなる時が近づいたからといって、家族がそのおじいさんを無視したとすれば、それは縦的な世界を無視するのと同じです。たとえぼけているとしても、その家庭の中心は曾おじいさんです。何か食べ物があれば、まずおじいさんに差し上げなければなりません。たとえお父さんがその国の大統領だとしても、先におじいさんに差し上げなければならないのです。なぜならば、息子は横的だからです。(三四―一四二)

＊

不幸はどこから出発するのでしょうか。愛の安息所がなくなるところから始まるのです。幸福な家庭とは、その家の囲いとなる父母に仕えて生きる家庭です。そのような家庭は、上には天を代表する父母に侍り、横的には家庭を代表した他人同士がその因縁の愛を夫婦として結び、この夫婦が天倫の法度に従って、その代を継いで生きる家庭です。(一九―三〇五)

＊

家庭には必ず、父母がいなければならず、妻子がいなければなりません。そうであってこそ、その家庭が幸福の基台となるのです。神様が人類を探し求めてきた目的も、神様御自身の幸福を模索するためであったに違いありません。それゆえ、神様御自身が幸福の基台を求めようとしても、人間を離れたところにはそのような理想はあり得ないのです。人間と関係を結んでこそ、一致点をもたらすことができるのです。私たちが家庭において、情緒的な内容をすべて備えた立場で幸福を感じるのと同じように、神様もやはりそのような立場で幸福を感じようとなさるのです(三三―一九八)。

＊

「これほどならば天上天下にうらやむものはない」と幸福を謳歌《おうか》する人がいたとしても、「そのような外的なことで幸福だ」と言うことはできません。幸福を求めるための条件にはなっても、幸福それ自体にはなり得ないのです。それでは、何が決定されれば幸福を感じることができるのでしょうか。愛する父母がいて、夫婦がいて、子女がいなければなりません。このことは、誰にも否定することができません。その中の一つしかないとするならば、その人はそれに該当する比例的な悲しみを感じ、比例的な不満がその胸の中に残るしかないのです(二二―一四〇)。

＊

人間祖先を通じた神様の理想は、男性と女性が結合し、理想的な家庭を築くことでした。そうなれば、理想的な家庭の中心は男性でもなく、女性でもありません。家庭というのは、父母と子女、夫婦の結合による一つの結びつきなのですが、その結ばれたものの中心は、正に神様の愛です。神様の愛を中心として家庭を完成することが、神様のみ旨であるという結論になります。

＊

父母と子女、夫婦、そして兄弟姉妹が真《まこと》の愛を中心として一つになることを願うのが、私たちの理想家庭です。ここから永遠な世界的平準化が始まることによって、地上天国が出発するのであり、天上天国も自動的にできるのです。神様は真の愛の本体なので、真の愛に連結されればみな同じ体になります。父母は神様に代わる、生きた神様であり、夫と妻は互いにもう一方の神様であり、息子、娘もまた、一つの小さな神様です。このように三代が、真の愛を中心とする家庭の組織が、天国の基盤です。そのような基盤を築かずしては、天国はできません。

家庭というのは宇宙の中心です。家庭の完成は、宇宙の完成の基礎となるがゆえに、家庭において愛するがごとくに宇宙を愛すれば、どこでも無事通過です。その場合、神様は宇宙全体の父母として、愛の複合的な中心の位置にいらっしゃるのです。

＊

神様を中心とした創造本然の家庭的基台には、男性の愛、女性の愛、息子の愛、娘の愛、父母の愛、神様の愛が、すべて含まれています。このような消化された立場で、父母を愛し、夫を愛し、息子、娘を愛すれば、誰でも天国生活をすることになるのです。(八四―一六)

＊

「家和万事成《いえわしてばんじなる》」という言葉があります。家庭が平和であれば、万事がうまくいくという意味です。完成した家庭は、平和の家庭であり、それは、天国の基礎です。家庭の原動力は、真《まこと》の愛です。自分よりも神様を、そして相手を、命のように愛するという純粋で美しい愛、それが真の愛です。神様は、この宇宙に、真の愛の力よりも強い力は創造されませんでした。真の愛は、神の愛です。（二九―一二八）

＊

人間は、父子の関係がなければならず、夫婦関係、兄弟関係がなければなりません。すなわち、この三つの関係が一点になければなりません。その中心点は、一つです。上下、左右、前後の中心が異なるようではいけないのです。その中心点が違えば、上下、左右、前後関係の均衡がすべて崩れるのです。それで結局、上、下、左、右、前、後、そして一つの中心点までの七数になるのです。そのような七数を成すということは、すなわち、神様を中心として完全な真の愛で一つとなって、そのすべてが完全に球形となり、調和し、統一された家庭になるということなのです。（二八七―二一、二二）

二　家庭は天国完成の基本単位

1. 家庭は地上・天上天国の礎石

家庭から天国を成さなければならないのですが、イエス様も家庭を築くことができなかったので天国に行くことができず、楽園にいらっしゃるのです。楽園は、天国へ行くための待合室のような所です。地獄は、人間が堕落したがゆえに生じたものです。神様が初めからつくられたものではありません。(二一―九九)

*

四位基台は、地上天国と天上天国の礎石です。天国は、一人ではつくることができません。それゆえ、イエス様も一人でいてはいけないので、聖霊が降臨しなければならないのです。(一三―六七)

*

天国の起点は、個人でもなく、国家でもありません。家庭なのです。それゆえ、イエス様は新郎新婦の因縁を求めてこの地に来られるのです。個人が天国の起点でしょうか。家庭が天国の起点なのです(三〇—八三)。

＊

家庭は天国完成の基本単位です。天国は、一度行けば帰りたくなくなり、十回、百回会ってもまた会いたい、そのようなお方のいらっしゃるところです。万民が共通にそこに行きたいと思い、そのお方に会いたいと思い、そのお方と共に生きたいと思うならば、世界は統一されることでしょう。そこを目指して進んでいるのが統一教会です。しかし、それは一度に成されるのではありません。まず、個人の基台ができ、次に家庭の基台ができ、民族、国家、世界へと順次、広がっていかなければならないのです(二一—八〇)。

＊

家庭天国は、男性と女性が完全に一つとなってこそ完成するのであり、個人天国は、体と心が完全に一つとなってこそ完成するのです。家庭天国は、神様のみ旨を中心として夫婦が一つとなり、子女と一つとならなければなりません。そのみ旨の目的は、万民のためのものです。そして、そのみ旨の中心は神様です。それゆえ、神様を中心として万民のために生きるところから、家庭天国が連結されるのです。神様のためだけに生きるのではなく、神様を中心として万民のために生きなければなりません。神様は、そのような家庭を探し求めていらっしゃるのです。世界が復帰されるときまで、そのような家庭を探し立てなければ、万民を救うことができず、万国を救うことができず、万家庭を救うことができないがゆえに、そのような家庭をつくるために祝福家庭を立てたということを、皆さんは知らなければなりません。

＊

統一教会の原理でいう四位基台とは、三代愛圏を意味するものです。三代が一つの家で暮らしながら愛によって和睦し「幸福だ」と言うときに、天地創造の理想が実現されるのです。夫婦が愛すべきことはもちろんですが、子女たちを愛で指導し、真心を尽くして育ててこそ家庭が和睦《わぼく》でき、幸福になるのです。これが縦的に成され、横的に連結されるとき完全な愛が完成するのです。いとこや、六親等のいとこまで、愛で一つとなって初めて愛の円形となり、完全なものとなります。

＊

私たちの家庭と、天国は、その形態が同じです。私たちの家には父母がいて、夫婦がいて、子女がいて、兄弟がいます。私たちの家は愛で一つになることができます。ここでは統一がなされ、生命が連結することができ、理想を実現することができます。ですから、皆さんが夫婦の愛を尊重することができ、父母の愛を尊重することができてこそ、天国へ行くことのできる資格者となるのです。祖父母は父母の前に愛を相続し、父母は夫婦の前に愛を相続し、夫婦は子の前に愛を相続しています。ここで、どの愛一つを否定しても、天国は成り立ちません。夫婦同士で愛する以上に両親を愛し、自分の両親を愛する以上におばあさん、おじいさんを愛すべきだという結論になります。それが、天国の核心となり、理想的信条となるのです。(祝福家庭と理想天国I—九四六)

＊

神様の創造理想世界とは、どのような世界でしょうか。真《まこと》の父母圏を通じて地上天国と天上天国が成される世界です。天国は、愛の基盤を通じてのみ成されます。堕落した世界には、真の父母の愛を受けたことのある人は、誰一人としていなく、現れた痕跡《こんせき》すらありません。霊界も同じです。真の父母の愛を受けて逝った者がいないからです。(祝福家庭と理想天国I—九四六)

＊

天国は、どこにあるのでしょうか。空中にぽつんと離れているのではなく、父親と母親、そして子供の間で授け受けるという生活的な舞台を育て、また、その中にあるすべての被造物を私たちの生活に利用し、私たちの理想の条件として利用する楽しさ、その楽しさを一〇〇パーセント享受し得る所が天国です。(祝福家庭と理想天国I—九四五)

＊

今後先生は、家庭に関する規範、天国家庭としてもつべき、生活に関する規範を教えてあげなければならないと感じています。ところで、復帰の路程を歩んでいくべき人は、原理を中心として教えてくれる人がいるので、その人を通して教わらなければなりません。先生がそのような問題に直接責任をとる時代は過ぎました。家庭一つ一つを中心として、再度収拾しなければなりませんでした。私たち統一教会の組織は、家庭組織です。家庭を主としているのです。個人を主としてきたものを、家庭を主とするのです。(二二一―三三四)

＊

み言《ことば》の時代を経て、実体の時代を経て初めて、相逢《そうおう》（相まみえる）の日を迎えるのです。そして相逢の日を迎えてこそ、天国生活をすることができるのです。相逢の日には、相手の心が私の心であり、相手の心情が私の心情であり、相手の姿が私の姿であり、相手の困難は私の困難であり、相手の傷は私の傷として感じられる境地にまで入らなければなりません。そのような境地に入って相手の心も私の心であり、相手の心情も私の心情となってこそ、天国家庭ができるのです。それがこの地で完結されてこそ、天国家庭ができるのです。(一九一―二五一)

＊

天国生活は、どこから始まるのでしょうか。家庭です。他のところから始まるのではありません。天国とは、家庭を立体的に拡大したものにすぎず、家庭圏を離れたものではないのです。それゆえ、皆さんは自分の妻や夫を抱くとき、それが世界の男性と女性が一つになることだと考えなければなりません。そのように、世界人類を愛したという条件を立てることのできる場が、す

なわち家庭なのです。（三〇―八三）

天国は、家庭を中心として成されます。家庭の家族として守るべき矜持《きょうじ》（誇り）を忘れてはなりません。（二一―七七）

＊

これからは私たち統一教会で礼拝を捧げるときも、説教の形式ではなく、報告の形式で行わなければなりません。報告の内容は、その家庭が誇ることのできるものでなければなりません。それゆえ、家庭全体で来て礼拝を捧げなければならないのです。そうして、良くやっている家庭を見ては見習い、そうでない家庭には、うまくいくように導いてあげなければならないのです。そうして家庭天国を建設しようというのです。まず家庭天国ができなければ地上天国はできないということを、はっきりと知らなければなりません。（二三―六三）

＊

今、私が教会を建てないのは、それなりの考えがあってのことです。教会に多くの人が必要ではないからです。天国は教会からできるものではなく、家庭から始まるものです。家庭、すなわち新郎新婦から始まるのです。女性は男性に出会うために生まれ、男性は女性に出会うために生まれました。赤ん坊が眠りから覚めて、まず呼ぶのが「お母さん」です。赤ん坊が母親を呼ぶ以上に、夫は妻を呼ばなければなりません。そのように呼んだことのない人は、かわいそうな人です。また、妻も夫以上に、そのように呼ばなければなりません。お互いに、そのような夫婦として接しなければならないのです。琴瑟《きんしつ》之和（注：夫婦の仲がごく睦まじいこと）の夫婦として、お互いにそのように呼び合って暮らさなければならないのです。そのように千年、万年暮らしたならば、老いても青春をうらやむということはないのです。今後、祝福家庭の夫婦が八十歳の老人になったならば、先生が世界一周をさせてあげようと思います。（一三三—五五）

＊

昔、先生が統一教会を始めた時のように、友達が家に来れば「自分の家よりもここのほうがいい。麦飯を食べたとしても、粥《かゆ》を食べたとしても、うちの御飯よりもおいしい。もう一晩だけ泊めてくれないか」と言う、そのような家庭を築きなさいというのです。訪ねてきた人、訪ねてきた友達がみな、自分の家を捨ててその家に来たいと思うような家庭になってこそ、その家庭は天国の家庭となるのです。（一六一—三二八）

＊

神の愛を中心として二人が一つとなってこそ、夫婦の天国ができます。一つとなったものは誰にも離すことはできず、分かれたり離れたりする心配はありません。皆さんは、どのような愛を見いだしましたか。神の愛を見つけたとするならば、皆さんの心と体が完全に一つとなり、神の愛がそこに臨在できなければなりません。そして夫婦の天国が生じ、家庭天国を成さなければなりません。お母さんとお父さんが完全に一つとなって愛し、その息子、娘も両親のように相手を得てこそ、家庭天国が実現するのです。父母がプラスとなり、息子、娘がマイナスになれば、家庭天国となるのです。(二〇三―一九)

＊

夫婦のうちで、男性はどうあるべきなのでしょうか。男性は、教会と関係をもたなければなりません。また女性は、物質と関係をもたなければなりません。環境的にはそのようになっていますが、家庭的にはどうでしょうか。父親と母親と息子、娘、この三者が一つとならなければなりません。そこから家庭天国が始まるのです。それゆえ、愛を中心とした天国を成すためには、四位基台を成さなければなりません。(二六―一〇一)

2. 家庭は真の愛の訓練道場

天宙主義というのは、体と心を合わせたのち、神様の愛の本体となる家庭を成し、その理念を霊界と肉界に連結させる主義です。天宙の「宙」の字は「家」という意味です。家の宙、ですから天宙主義という言葉を使うのです。天宙は、無形世界と実体世界を合わせたものです。それが私たちと、どのような関係があるのでしょうか。私たちには家庭が必要です。皆さんが家庭で一つになれないとすれば、天宙主義とは関係がないのです。家庭が、天宙主義を完結するための最終基準なのです。そこで平和の歌を歌うことができず、幸福を賛美することのできない人は、地上でも、霊界へ行っても不幸な人となるのです。（二六一―一九〇）

＊

愛は永遠に続くものです。愛は最高の願望なので、万民がもろ手を挙げて相続しようとします。その愛を残すことによって、霊界でも神様の前に堂々と進むことができます。そのような愛を完遂し得るところが家庭です。家庭を通して天国に行くということは、すなわち愛の一体圏ができるということです。

＊

天があれば地があり、天と地があれば、これを象徴する男性と女性がいて当然です。それが立体的な面で一つとなり得る心情的な基準が、家庭です。その家庭は、目的世界のための絶対的な基準をもって突き進むことができます。そこから新しい歴史、新しい世界、新しい天宙の基盤が築かれるのです。（二六一―一九〇）

＊

家庭を中心として天宙主義を成さなければなりません。天宙とは、天と地を総合したものです。天と地は、人間における心と体のようなものです。心と体が一つにならなければなりません。一つの主体があれば一つの対象が必要であるように、一人の男性には一人の女性が必要なのです。男性と女性が一つとなるのが家庭です。(二六―一八九)

＊

一つの家庭は、社会の倫理的基盤であり、人間世界において最も手本となり、根源的で、一次的な組織です。そのような家庭において、「愛」が最善の価値基準になるのです。

＊

人間の価値をどこに置くべきかというと、理想世界に置くのではなく、理想の人に置かなければならないのです。ですから世界を愛そうとするならば、人を愛さなければならないのです。どのように愛するかというと、男性が女性を愛するように、女性が男性を愛するように愛さなければならないのです。(七一―一二)

＊

神様の息子になろうとすれば、神様の心情に似なければなりません。神の心情は、世界に植えられていきます。ですから、世界の人を愛さなければなりません。距離が離れている関係で愛せないというならば、その国を愛し、氏族を愛し、家庭を愛し、父母を愛さなければなりません。な

ぜなら、父母は神様、夫婦はアダムとエバ、子女は世界の人類を代表した立場にあるからです。(二四―三〇八)

＊

理想世界とはどのようなものでしょうか。理想的となるには、単色よりも色とりどりなのが理想的です。そのような意味から考えると、五色の人種が一つとなって暮らすのが理想的でしょうか、五色の人種がそれぞれに暮らすのが理想的でしょうか。みな一緒に一箇所で交わって暮らすのが理想的です。ですから、そうなっていないとすれば、直さなければなりません。レバレンド・ムーンが現れてそれを直すのを、神様は嫌がるでしょうか、喜ぶでしょうか。神様はそのような人を後援しようとするのです。ですから皆さんは、神様のような心をもって、その父母の伝統を継承して人類を愛する天の家庭的なこの心情の絆《きずな》を、いかにして拡大するかということに力を注がなければなりません。(二〇〇―一四)

＊

この中で、年を取ったおばあさん、おじいさんが好きだという人は手を挙げてみてください。それでは、好きではないという人、手を挙げてみてください。手を挙げない人が多いです。皆さんに五百歳になるおばあさん、おじいさんを任せたとすればどうしますか。それでもよいですか。年が多ければ多いほど好きだという人は、神様のことが好きな人、ということになるのです。なぜかというと、この世界で最も年を取ったおじいさんとは誰かというと、神様だからです。

ですから神様を愛する人であるならば、その中にいる年を取っていないおじいさん、おじさん、息子を問わず、みな愛さなければなりません。すなわち、神様の家庭を愛さなければなりません。神様の家庭には、日本人でも韓国人でもアメリカ人でも、どの国の人でもみな入っているのです。人種差別をする人は、神様の家庭を愛していない人だということになるのです。その差別がなくなってこそ、理想世界なのではないでしょうか。（祝福家庭と理想天国Ｉ―九二七）

＊

もし父母の愛を受けている子女が、外でお父さん、お母さんのような人に出会ったならば、その人にとても親近感を感じ、話をして、助けになりたいと思うことでしょう。また、兄弟姉妹の間で美しい絆《きずな》をもった人が社会に出れば、周りの人とより親密な関係を保ち、うまく交わることでしょう。自分の兄弟姉妹と仲の良い人が外に出て異性と交際するときも、ごく自然に交際することでしょう。肉欲的、あるいは不健全な感情をもつことなく、兄弟姉妹のような感情をもつようになります。地上天国とは、神様を中心として、そのような関係を経験できる家庭をいうのです。（祝福家庭と理想天国Ｉ―九二七）

＊

健全な家庭生活とは、祖父母、父母、子女が共に生活することです。もし、一つの世代が欠けているとすれば、その家庭は体の不自由な人間のようなものです。そこで理想家庭を成すならば、その家庭は、地上天国を成すれんがとして奉仕しなければなりません。私たちは、その理想家庭を地上に築くべき使命をもっています。

祖父母の深い愛を享有する子女が社会に出れば、例えばその人がニューヨークの街に行けば、お年寄りにとても親近感をもつのであり、お年寄りはその人に対し、自分の孫のように接することでしょう。とにかく、お互いに話をしたいと思うし、親近感を感じることでしょう。家庭で祖父母に仕えたことのある若者は、助けが必要なお年寄りを見ると、走っていってでも助けてあげることでしょう。（祝福家庭と理想天国Ⅰ―九二七）

＊

父母、夫婦、子女で形成された家庭は、世界の縮小体です。家庭的愛を拡大してすべての人を愛するのが、人類の生きていくべき道であることを知らなければなりません。年を取った人は自分のおじいさん、おばあさんのように、中年の人は自分のお父さん、お母さんのように、自分より少し年上のような人はお兄さん、お姉さんのように、年下に見える人は弟妹のように思って愛さなければなりません。

ですから真《まこと》の人というのは、自分の父母と年の似通った人は親のように思い、お兄さんと年の近い人はお兄さんのように思い、お姉さんと年の近い人はお姉さんのように思うというように、すべて自分の家族のように思い、すべての世界的な障壁と境界線を超越して人類を愛することのできる心情をもった人のことです。そうしてこそ、本当の意味で父親、母親を愛することのできる資格をもつことになるのです。

＊

皆さんはどこへ行っても、すべての人を他人ではないと思わなければなりません。皆さんの家族だと考えなければなりません。お年寄りを見れば自分の親のように思い、その人に悲しいことがあれば、その人を抱いて痛哭《つうこく》し得る心を常にもたなければなりません（一六―三二四）。

＊

自分の妹やお兄さんを捨てることはできません。自分の母親も捨てることはできません。誰も捨てることはできません。ですから離婚ということはあり得ません。夫は父親に代わり、兄に代わるものなので、父親を捨てることはできず、兄を捨てることはできないので、妻も夫を捨てることはできません。そのような愛を抱いて、世界を愛さなければなりません。父親と同じような年の人を見れば、父親のごとくに愛し、母親と同じような年の人は、母親のごとくに愛さなければなりません（二〇八―一八）。

＊

皆さん、家庭がなぜ良いのでしょうか。それは、父母の愛を中心として自由な活動の基地となるからです。同じように、神様が自由に活動できなければなりません。いくら見た目にはみすぼらしくても、輝く愛の核をもつ、そのような内的な人間から成る社会となったならば、神様は自由なのです。皆さん、そうではありませんか。人の家に客として行けば、何か不自然です。なぜでしょうか。それは愛の因縁がないからです。愛の因縁に四方性が備わっていないので、ぎこちないのです。ですから私たちの行くべき道は、人格の道です。(二一四―一五)

＊

統一教会では、天国は氏族圏の中からできると見るのです。おじいさんを中心として父母と兄弟が一つとなり、いとことその子供まで一つに結ばれれば、完全な三代ができます。このような氏族圏の愛が地に立てられて神様と一つとなったならば、世界はすべて神様と一致する愛の世界となり、天国となるのです。

女性が嫁に行っても同じです。婚家のおばあさんとおじいさんは、神様に代わる位置にあり、夫に代わる位置にあるので、愛をもって仕えなければなりません。また、夫の兄弟姉妹とも愛によって睦《むつ》まじく暮らさなければなりません。そのような愛の関係が社会に拡大し、民族と国家、世界に拡大するならば、この世界は、罪悪と戦争に代わって、平和と愛に満ちるようになります。そうなれば、その世界こそが神様の理想が実現した一つの天国であり、理想世界なのです。(二一六―二七)

＊

この宇宙の中心はどこにあるのでしょうか。家庭にあります。真《まこと》の愛が定着し得る基地とはどこでしょうか。皆さんの生きている、皆さんの家庭だというのです。それゆえ、本来の家庭は宇宙愛を掌握し、宇宙の保護様相を体得しながら宇宙愛圏を拡大して、家庭を越えて国家を愛する愛国の道を行くべきであり、さらに民族と国家を越えて世界を愛する道を行かなければなりません。家庭を愛する人を「孝子」あるいは「烈女」と言い、国を愛する人を「愛国者」と言うならば、世界を愛する人を何と言うのでしょうか。そのような人のことを「聖人」と言うのです。(八二・一〇・二九)

＊

神様は家庭の中心となるお方として、この世界は神様の国とならなければなりません。祝福家庭は、神の国を連結し得る家庭となるように努力する生活をしなければなりません。神様に代わって「ため」に生きる生活をするところから氏族が生まれ、民族が生まれ、国家が形成され、世界が形成されます。ですから家庭は、神様を中心とした世界を形成する責任を果たさなければなりません。先生を中心とした統一教会は、一つの氏族のようなものであり、一つの民族のようなものです。五色の人種が合わさって単一民族を形成し、誰よりも世界のために生きる国家を形成するのが、統一教会の目的です。それが先生の目的であり、神様が先生を通して果たそうとされる目的です。

＊

家庭というのは、人類愛を教育する代表的な修練所です。心情の中心を立てる、代表的な広場です。そこで互いに信頼し、幸福を享受するようになるのです。それが理想圏の始まりです。愛なしには、何ら存在する意味さえありません。

*

家庭は、天国を成すための教材としてつくられたものです。おじいさんのような年格好の人を自分のおじいさんのように愛するならば、その人は天国へ行くようになっています。自分の親と同年輩の人を、自分の親のように愛するならば、万国共同で、霊界でも境界線が生じません。息子、娘と同じような年のアメリカの若者を、自分の息子、娘だと思うことのできる心さえもっていれば、天国のどこへでも行くことができます。天国には十二の門があり、方向があるのですが、どこへでも通じるのです。家庭というのは、天国全体に因縁を結ばせる教材です。すなわちテキストブックだということです（八五・一二・一八）。

*

家庭において父母は、縦的な軸を完全に継承し、そこに合わせなければなりません。次に夫婦は、軸に対して横的に九〇度の角度に合わせなければなりません。その基準は、国家においても同じです。愛の軸の位置は一つしかありません。それゆえ、その軸を中心として、家庭は小さいのですが、氏族、民族、国家、世界へとだんだん大きくなります。愛の軸を中心として拡大するようになっています。拡大縮小の因縁関係をすべて四方に拡大するところから理想圏が生じるのです。ですから今、世界を一つにするために私のしていることは、軸を正すことです。ですから方向を設定するためには、思想的王者の立場を占領しなければなりません。占領するにおいて、強制ではなく、愛で消化しなければなりません。（祝福家庭と理想天国Ⅰ―九二四）

＊

皆さんの家庭は、天国の主権を代表した立場にあることを知らなければなりません。父母は主権を代表し、子女は国民を代表し、物質はその国の地を代表したものなので、父母に孝行することが、国に忠誠を尽くすことであり、父母に孝行することが、聖人の道理を果たす道に通じるのです。今、家庭がありとあらゆる醜態の起源となっていますが、神様は家庭が聖なる基台となることを願っていらっしゃいます。それゆえ、堕落圏内にある腐敗した家庭を収拾すべき使命が、私たちにあるのです。この地の家庭は破綻《はたん》していますが、その家庭を否定し得ない立場にあるということを知らなければなりません。（三五―三〇六）

三　真《まこと》の家庭の理想と価値

1．真の父母、真の夫婦、真の人

神様は人間にとって、真の愛をもった縦的な父母です。その縦的な垂直関係というものは一つしかありません。絶対的です。二つとあり得ません。その縦的父母だけをそのまま置いたのでは倒れてしまいます。大変なことになります。ですから横的父母を探し立てて連結しなければなりません。それを詳しく説明するならば、創造主は真の愛の縦的父母であり、創造されたアダムとエバは、子の立場でありながら神様の体である横的な父母の立場に立ちます。それらが内外一つとなることによって、内外の共鳴体となって授受作用をすれば、中心が生じると同時に、その内外の共鳴圏の中心が植えつけられるのです。それが、皆さんの生まれた生命の根源です。(一八三―九)

＊

縦的な父として一つとなった中に、横的な父が必要です。なぜでしょうか。球形を成さなければばならないからです。そうではないでしょうか。球形を成そうとするときに、そのままで球形になることはありません。必ず垂直を中心として、横的なもの、前後、左右が連結されて初めて球形ができるのです。球形を成し、勝手には動き回らなくなるのです。

軸を中心として、この宇宙の大軸の前に相対として編成された立場で、軸を中心として回るのです。それゆえ、同位圏に立っているのです。そして、この宇宙の神の創造的真の愛というのは、一つです。軸は、一つです。二つではありません。（一八二―一四三）

*

既成神学では、創造主は聖なるものであり、被造物は俗なるものとされています。被造物を罪人扱いしたのです。しかし、「それは誤った」ということを知っているというのです。神様がなぜ創造をしたかというと、愛のゆえです。神様が縦的な愛の主人であるとすれば、縦的な神様の愛をもったそのお方が子女を生んだとすれば、長い一本の筋にしかならないのです。それをいかにして横的に展開するのでしょうか。それゆえ、子を生むのは神様がするのではないのです。真《まこと》の父母を通して生むのです。

横的な真の愛の父母の位置に立ったお方が誰かというと、真の父母です。神様の縦的な愛を中心とした真の父母の前に、九〇度の角度にある横的な愛をもったお方が真の父母なのです。それゆえ、二つの父母の愛が必要なのです。一つは創造主としての父母であり、一つは被造物としての、神様がその対象として理想を描きながらお造りになった体的な父母です。それゆえ、神様は心的な父母の立場にあり、真の父母は体的な父母の立場にあります。この世に、縦的な愛と横的な愛を中心として生まれるべきだったのが人間です。(一八二-一八二)

＊

なぜ子女を生まなければならないのでしょうか。神がアダムとエバを喜びをもって創造した、その内容を体恤《たいじゅつ》させるためなのです。それゆえ、息子、娘を生んだことのない人は、父母というのが分からず、夫のことが分からず、妻のことが分からないということになるのです。過去と現在において愛したけれども、未来を開くことができないのです。おじいさん、おばあさんは過去の時代を代表し、お母さん、お父さんは現在の時代を代表し、息子、娘は未来の時代を代表するのですが、この三つが一つとなることのできる所が家庭だということです。(二一六-一八六)

＊

エバは神様の外的新婦です。それでは、神はなぜアダムとエバを創造したのでしょうか。それは繁殖のために創造したのです。子孫を殖やすために創造したのです。子孫を繁殖してどうするというのでしょうか。それは、莫大《ばくだい》な天国の国民を増やすためなのです。霊界に行っても繁殖が可能でしょうか。絶対に不可能です。なぜならば、神の愛は垂直的なので、たった一点しかありません。神の愛は一点に立つ垂直的な道を降りてくるのですが、垂直には繁殖の道がありません。

それで、繁殖のために横的な基準であり愛の基台であるアダムとエバを創造したのです。それは水平なので、東西に回るようになるからです。一八〇度の平面圏は無限に存在するのです。ですから繁殖は、すべての方面で可能なのです。膨大な平面圏において繁殖させた者たちを霊界に連れていって、天国の国民にするのです。永遠な国民をつくるために繁殖が必要なのです。しかし、その生産地は地上です。男性、女性の体を借りてできるのであり、霊界では子女を生むことはできません(二三―二三)。

＊

天国の民は霊界で生まれるのではありません。神様は何ゆえに実体を創造したのでしょうか。天国の民を繁殖させるためなのです。実体でなければ繁殖できません。縦的な愛には一点しかありません。横的な基準を中心として回ることによって三六〇度の球形体が生じるのです。その球形体には定着し得る空間がいくらでもあります。ですからその息子、娘が地上に生まれることができるようになっているのです。その息子、娘がたくさん生まれるということは、不幸なことではありません。地上で多くの息子、娘を生むということは、天上世界における天国の民をたくさん繁殖するということになります。神様が願うのは、限りない世界です。広大な世界に空いた所があってはなりません。それをすべて埋めることのできる民が必要なのです(二八―二二)。

＊

原点は何でしょうか。真《まこと》の父母権、真の王権、真の長子権です。それがアダムとエバが出発すべき原点だったのです。それが神様の本宮です。そこに神様の王宮があるのです。神様の王宮がそこにあり、神様の愛がそこにあります。人間と創造主、被造物と創造主が一つに結ばれて、真の愛の基盤となるのです。その出発点が神様のセンターです。それが、完成した本然のアダムの家庭基盤であり、神様が永遠に臨在することのできる王宮です。(二一八―一五四)

＊

私たち人間が寝て、朝目覚めたときに願うこととは何でしょうか。朝起きて朝食を取るのが問題ではなく、出掛けていって働くのが問題ではなく、世界のことを心配するのが問題ではありません。夜も昼も、春夏秋冬変わることなく、一生変わることなく愛の心をもつことを願うのです。そのような男性、そのような女性が完全に水平線を成して、縦的な神様に完全に九〇度の角度で連結され、人情と天情が合わさり得る、そのような立場における愛、そこに結合し得る愛の理想の境地、そのために神様は天地を創造されたのです。(二一三―一五六)

＊

私が生まれるときに、何を動員して生まれたのでしょうか。本来、創造理想である神様の愛を中心として愛を通してつくられた実体である母親と父親の生命が激動して、完全に一〇〇パーセント沸き立って一つになって生まれました。これを煮え立たせたのは何でしょうか。愛を通して男性と女性が完全に和合するのです。細胞が完全に沸き立って、その父母の愛を根拠とした生命と血統、血を受け継いで私が生まれたのです。それゆえ、私という存在は何かというと、父母の愛の結実です。それを知らなければなりません。私は両親の愛の結実だということです。(二二三―一五六)

＊

神の創造原則において、女性が生まれたのは男性のためであり、男性は女性のために生まれたという根本を知らなければなりません。互いのために生まれたのですから、その中心は何かというと相手です。自分ではありません。男性にとっては女性が中心であり、女性には男性が中心なのです。自分によって生まれたのではありません。自分から出発したのではありません。

なぜ神様が創造したかというときに、愛のゆえに創造したと聞いたならば、宇宙がどれほど平和になり、どれほど近く感じられることでしょうか。つまり、神様の絶対的愛をもっているのですから、その相対は永生するのです。それが最も貴いことなのです。(二五―一七三)

＊

神様が天地を創造したように万物が結婚するならば、どれほど美しいことでしょうか。万物も自分のように愛を通して生きているということを見るときに、神様が創造のあらゆる根源的な感覚を再現し、すべての万物と共に、その相対と共に統一的感情を感じることのできるもの、それが愛なのです。神様が創造するときの根源的なものを感じるのです。天地の万物を造るときに神様が感じた理想型、それがすべての被造物なのです。

真《まこと》の愛をもって引きつければ、天地がすべて引かれてくるのです。いくら遠いものでも真の愛が引けば引かれてくるし、いくら近い所にあったものでも遠くに見えるようにしようとすれば、真の愛によって遠くに行かせることができるのです。（二六一-一八六）

＊

絶対的な神様の一つの文化世界において生まれる息子、娘は、王子であり、王女です。神様の王宮における王子と王女は、人間です。そこは、創造主、神様を中心とした王宮です。王の中の王である創造主を中心とした皇族が、私たちなのです。（二八-一五四）

＊

男女の生殖器官は、創造主から受け継ぎ、先祖から受け継いだ、変わらずにそっくりそのまま連結された礼物です。神様も侵犯することのない貴い礼物です。先代も破ることのできない貴い礼物です。これを侵犯する者は、天理の大道の中心である愛の本宮を破綻《はたん》させる悪魔の血肉です。純粋な本質としての永遠な真の愛を中心としたその基台の上に生まれたのが、生命の本宮です。また、新しい血統の本源の地です。きちんとしなければなりません。教主なのですから、まっすぐにさせなければなりません。生殖器は何ゆえに生じたのですか。天地の大道のために、天地の大摂理的経綸《けいりん》のために、私に与えられたものです。（一九三-一三〇）

神様が創造するときに、生殖器を表象して男性と女性を造り始めました。それゆえ生殖器を動かすところには、人間全体の構成要素がすべてついているのです。ですから男性と女性が愛して、その二人が一つとなって子を生むのです。一つとなって生むということはどういうことですか。何に似るのでしょうか。神経系統がすべてついているので、従ってくるのです。根がないのに枝が出てくるでしょうか。それを否定することはできません。それゆえ愛が激動するときには、体と心が一つとなるのが原則です。これは理論的です。

＊

では、愛を代々に連結させることのできるところ、その生命を代々に連結させることのできるところ、自分の血統を自分の子に代々連結させることのできる、その器官とは何でしょうか。それは男性、女性の生殖器官です。

それでは愛が先なのか、生命が先なのか、それが問題となります。このごろ、心が先だとか、体が先だとか、唯物理論の哲学思潮が入って世界で問題になっているように、愛が先か、生命が先か、これが問題です。どちらが先でしょうか。先か後かを明らかにしなければなりません。愛が先です。神様が創造理想を立てるとき、神様を中心として立てたのではありません。愛を中心として立てたがゆえに、相対世界の創造を始めたのです。これは理論に適っています。(一九二―一三〇)

＊

男性と女性はどこから来たのでしょうか。創造主がいるとするならば、創造主から始まったことでしょう。そうだとすれば、その創造主が男と女を造った目的は何でしょうか。何ゆえに造ったのでしょうか。なぜ造ったのでしょうか。愛のゆえに造ったのです。どんな愛でしょうか。真《まこと》なる愛です。真なる愛とはいったい何でしょうか。真の愛とは、永遠で、変わらない愛のことをいいます。たとえ時代が変遷し、いくら環境が変わっても、その愛は変わらないのです。その本質において唯一で永遠、不変性をもった真の愛の理想を果たすために男と女を造ったのです。誰を中心としてでしょうか。それは人間を中心として創造したのではありません。根となる神様を中心として創造が始まったのです。それゆえ、この被造世界はすべて愛ゆえに生じたと考えられるのです。(二二三―一五六)

＊　　＊

真の愛によって成熟した真の家庭は、神様の愛の巣です。(一七三―一二二)

神様の恨《ハン》とは何かというと、子女を教育できなかったことであり、兄弟を教育できなかったことであり、夫婦を教育できなかったことであり、父母となるための教育ができなかったことです。そのような内容の心情圏を中心とした、そのようなオーソリティーを全体化しなければならないのです。(二二八―七)

2．真《まこと》の家庭の理想と価値

四大心情圏と三大王権を復帰して、皇族の愛をもっていくべき祖国が天国です。死んでみれば分かります。いくら偉い人でもみなそこに引っ掛かります。その時になって「文《ムン》総裁の言うことを聞けばよかった！」と後悔するのではなく、早く決めて祝福を受ければいいのです。それが最も早い解決方法です。そのようにして学ぶのです。（二三九―七）

＊

四大心情圏と三大王権をサタンが蹂躙《じゅうりん》したのです。天の国を破壊し、未来世界を破壊して、三世界の王権を破壊しました。それゆえ、私たちが天国に行くには、四大心情圏の完成実体となり三大王権をもった愛の王子、王女の基準で、皇族の愛を受ける人とならなければなりません。そのような人が天国に行くことは元亨《げんこう》利《り》貞《てい》（注：事物の根本となる道理）です。（二三九―七）

＊

堕落によってこれを一遍に失ったので、その本体に会えば、娘の心情を感じ、妹の心情を感じるのです。そのように新婦の心情を感じ、母の心情を感じ、新しい息子、娘の心情までも感じるようになるのです。ですから先生の場合、自分の息子、娘にできたらいいとも思うのです。そのような心情圏を回復することによって、善悪のよしあしを判断して、天の側に帰ることによって、すべてが解怨《かいおん》成就するのです。心がそのように作用するのです。それはどうすることもできません。

皆さんは愛の家庭をもたなければなりません。神様の愛の圏で完全に統一された王族、天国の王子、王女の王族圏を中心として愛の体験をした皇族の行く所が天国であるということを知るべきです。アーメン。皆さんが生きている間、この原則を中心として合わせなければなりません。あの世へ行ってもこれに合わせるために身もだえしなければならないのです。ですから私は一生の間、他のことを考えたことがありません。(一三八―一三〇)

＊

皆さんは家に帰って、おじいさん、おばあさんを神様のように思って侍らなければなりません。お母さん、お父さんを家庭の中心である王のように、王妃のように侍らなければなりません。そのお父さん、お母さんの息子、娘として、私は王子、王女なのです。今後、統一教会員は、そのような考えを伝授されて世界を導いていくべき王子、王女の道理を受け継いで育ち、未来の王権を中心として、そのような愛の秩序に拍子を合わせていかなければならないのです。そのような家庭の父母となり、そのような家庭のおばあさんとなり、そのような家庭のおじいさん、そのような家庭の息子となるときには、そのまま天国へ行くのです。そのような天国の皇族の愛を体験

した人の行く所が、天国なのです。(二二一―三〇五)

＊

私たち統一教会の信徒同士は、自分の兄弟よりも近いのです。そのように今後世界は、前後の世界が一つとなり、その次には夫婦が一つとなり、左右の世界が一つとならなければなりません。上下、前後、左右……。上下は子としての道理、前後は兄弟としての道理、左右は夫婦としての道理、そのようにして完成すれば、霊界の神様の位置に上がって神様化すること……。神様へと帰っていくのは、真《まこと》の愛だけにできることだということを知らなければなりません。真の家庭とは、このような公式的基準で訓練された完成したアダム家庭を拡大したものなので、この世界を拡大すれば、東西が一つとなり、男性と女性が一つとなるのと同じことです。男性を中心として、主体を中心として相対が一つとなり、前後が一つとなり、上下が一つとならなければならないのです。そうなることによって、一つの世界が間違いなく原理的な内容を中心として真の愛によって完成し、完結するでしょう！　アーメン！(二二一―三〇〇)

＊

今日の人生の行路は、旅人の航路なのですが、そこで備えるべきものとは何でしょうか。愛を体恤《たいじゅつ》していかなければならないのです。父母の愛をよく受けられなかったことが堕落なので、真の父母の愛、真の兄弟の愛、真の夫婦の愛、真の息子、娘の愛を中心として、縦的な家庭を築き、横的な環境を、東西南北にたくさんの家庭を広めなければなりません。そして、それらが縦横を連結することのできる真の家庭の形態を成して、氏族圏、民族圏、国家圏、世界圏へと連結するとき、愛で結ばれたその世界のことを、すなわち天国というのです（二三九―一四二）。

＊

子女の愛、兄弟の愛、父母の愛を拡大しなければならないのです。拡大してそれが公式化され、広がることによって、縦的な国と、横的な国を受け継いだ天地の完成的家庭となるのです。神様の内的な心情と、アダムとエバの外的な実体のすべてを体験し得る家庭的な生活をした人が、天国の皇族圏に属するのです。簡単なことです。先生の言うことに間違いはありません（二四〇―七）。

＊

真の父母の愛、真の師の愛、真の主人の愛です。この三大主体思想の中心の場は一つです。真の家庭の父母を中心とします。先生も、夜になれば家に帰ります。大統領でも、夜になれば家に帰らなければなりません。それゆえ、父母の愛を中心として父母の代わりに教育するところが学校であり、父母の代わりに父母の愛で国を治める者が大統領なのです（二一三―九七）。

＊

真の愛とは、どのようなものでしょうか。自分の理想を投入して忘れるのが、真の愛です。ここにいらっしゃる方々、よく考えてみてください。愛国とは何でしょうか。自分の命を投入して忘れることです。真《まこと》の夫とは、自分の妻のために自分の命を投入し、また投入しても、永遠に投入しようという人です。そのような立場に立つのが真の夫の行く道であり、真の妻の行く道であり、真の息子の行く道であり、真の兄弟の行く道であり、真の父母の行く道であり、真の家庭の行く道なのです。おじいさんがそうであり、おばあさんがそうであり、お母さん、お父さんがそうであり、自分の夫、妻がそうであり、息子、娘がそうであるという家庭は、神様に「来るな」と言っても、自動的に来ていらっしゃるのです。なぜでしょうか。神様に似ているからです。(二一〇—七)

＊

お金がたくさん必要なのではありません。お金というものは流れていってしまうものです。子供というものも流れていってしまいます。すべては流れていってしまいます。しかし、真の愛を中心とした真の家庭の伝統だけは、霊界にまで永遠に残るのです。それが最も貴いものなのです。(二五一—四四)

＊

アダムとエバが、息子から兄弟、夫婦、父母にまでなったとすれば、アダムの息子、娘たちもそうなったことでしょう。しかし、アダムの息子、娘は、神様の愛の圏内にまで至ることができませんでした。堕落していないアダムの息子、娘となったならば、すべてが横的に結ばれる地上天国ができたでしょうが、縦横が連結されなかったので、天国はできなかったのです。ですから二つの国を受け継がなければならないのです。息子、娘は、二つの国を受け継がなければなりません。天の国と地上の国、縦的な国と横的な国、縦的な父母と横的な父母の血統を受け継いだので、縦的な父母の内的なものすべてと、横的な父母の内外のすべてを伝授されるのが息子、娘なのです。皇族というのは、二つの国を受け継いだ生活を実際にするのです。皇族になれば、二つの国でいつでも受け入れることのできる、そのような完成的な基盤の上に立つのです。(二四〇―七)

＊

父母の愛は、全世界の男性圏、女性圏を代表した花であると同時に、香りとなり、実の基準となるものです。代表なのです。母親と父親は、人類の女性と男性を代表した存在なのです。では、自分の息子、娘は何でしょうか。後代に数千万の人類が生じ得る、そのような子孫の代表者なのです。ですからこの三者が一度に神様の愛と化して、下の者が上の者のために、上の者が下の者のために生きる愛になるのです。自分のためというのではありません。神様の創造本性とは、「ため」に生きるということです。(二四一―二六〇)

＊

おじいさん、おばあさんは神様の代わりとなり、母親、父親は世界の大統領の代わりとなり、その息子、娘は、天国の王の息子、娘のように王子、王女として生きるのが家庭の理想であり、創造主であられる神様の愛の本来的な家庭です。家庭は天国の王宮であり、その構成員は天国の王族を代表するものです。おじいさんは神様から見れば、王子、王女の代表です。皆さんの両親は、すべての国家、世界の王子、王女の代表です。そうではないでしょうか。誰もがそのような欲心をもっていますね。同じなのです。子供は未来の全宇宙の王子、王女の代表です。これほど価値ある場の中心が私たちの家庭です。本当に誇るべきことです。そのような素晴らしい理論の基盤の上に私たちが立っているというのは、本当に貴いことなのです。

「私は神様を誇ります」と、皆さんがそう言えば、もちろん神様も同じです。「私は中心家庭として、理想的夫婦の代表的な家庭であることを自負しています」と言うことができれば、すべてが、未来のすべての万物までもが歓迎するのです。そのような価値ある家庭、歴史的家庭の背後を知っていますか。それは神様の創造された理想家庭の組織です。皆さんがその立場に出なければならないのです。神様はおじいさんの立場です。その立場に立てば、誰もがその前で敬拝するのです。（二一六―二七九）

＊

おじいさんを愛し、おじいさんを尊敬するということは、過去をすべて受け継いで、過去の世を学ぶことです。父親からは現在を学ぶのであり、子女を愛するということ、子女を大切に思うことは、未来を学んでいくことです。おばあさん、おじいさんを通して、お母さん、お父さんを通して何を受け継ぐのか、どんな血統を受け継ぐのかというと、真《まこと》の愛です。真の愛を受け継ぐのです。おじいさん、おばあさんが年を取っていても、二人が真の愛で一つとなっていて、お母さん、お父さんが一つとなっているので、私たちもそのようになって、未来を受け継ごうというのです。未来を受け継ぐためには、絶対に真の家庭とならなければなりません。そうならなければ未来を受け継ぐことができないということを知らなければなりません。家庭の中にこの三者がいるならば、それは宇宙があるようなものです。宇宙の愛は、神様からの歴史全体、現在と未来を代表した真の家庭にあるのです。

真の家庭でおばあさんを愛し、お母さんを愛し、お姉さんを愛するのです。動物の世界を見ても、雌を愛し、雄を愛するというように、すべてがそうなっているのです。それはなぜかというと、宇宙の愛を学ぶ教科書だからです。おばあさんがいなければ不安定なのです。おじいさんがいなくても不安定で、誰かほかの方がいなくても同じです。そのようになってこそ、そのまま天国に移っていくのです。祖父母、母、父、子女がそのまま天国へ行くのです。真の祖父母を愛し、真の父母を愛し、真の子女、真の家庭、真の国家、真の宇宙を愛した人が天国へ行くのです。その模型の教科書が家庭です。そう考え、神様を考えると、永遠な未来になるのです。神様を愛しながら「私の愛は未来のために行く」というとき、永遠な未来となるのです（一六一―二二）。

四　天国は家庭単位で行く所

家庭は国の中にあり、国は世界、世界は宇宙の中にあるので、家庭や世界を捨てたとしても、神様のために愛したとすれば、すべてを愛したという位置に立つのです。ですから統一教会の皆さんは、世界のために生き、神様のために生きるべきなのです。皆さんが先生のことを好きだというくらい、世界を愛し、人類を愛したとすれば、天国へ行くことができるのです。(七八―一二)

＊

父なる神様というように、神様は親です。本来堕落しなかったならば、アダムとエバが父母であると同時に、国の王となるのです。天国の王になるのです。宇宙の王になるのです。ですから愛する孝子は天国へ行くことができるというのです。愛する忠臣と孝子は、天国へ行くことができるということです。夫を神様のように、主のように、王のように思って仕え、真《まこと》の愛をもって生きる人は、天国へ行くことができるのです。父母を愛し、その国と世界を愛することなくしては天国へ行くことができないという論理が、そこで成り立つのです。(七八―一二)

＊

人間の堕落とは何でしょうか。堕落した子女とは何でしょうか。彼らは、神様が自分の父であると切に感じることができません。彼らは心の中に神様という概念をもっていないのです。皆さんは次のようなことを体験し、悟らなければなりません。

まずは「私は新生して新しい生命を得て、真の父母によって新たな生活を営んでいる神様の息子、娘である」という事実を実感しなければなりません。

第二には「私は神様の国に住む資格をもった市民である」ということを実感しなければなりません。

第三には、皆さんが国と世界を見るときに、神様の愛を感じなければならず、「神様がこの世界を遺産として下さったので、神様の子女としてこの世を所有する権利がある」と思わなければなりません（一九四―四）。

＊

私一人では天国に行くことはできません。そのような意味で、一人の男性は一人の女性と一つにならなければなりません。そのような過程を経るためには、一人は必ずカインと一つにならなければなりません。相対的環境を必要としているのです。父母を迎える前に、もしくは夫婦を迎える前に、兄弟の間で一つの相対的基準をもっていなければ（天国へ）行くことができないとい

うのが、統一思想なのです。（一二六―一六）

＊

皆さんが知らなければならないことは、地上で天国の愛を体験できなかったならば、天上に行くことができないということです。カイン的な人を本当に愛したことがありますか。天国へ行くにはサタン世界における父母の愛、夫婦の愛以上の愛で愛さなければなりません。もし、堕落世界で父母が子女のために命まで捧げたとすれば、私たちはそれを超越した愛で愛さなければならないのです。（一六七―一八）

＊

皆さんの心の中に、皆さんの生活の中に神様の愛があふれて、ぽたぽたと滴るようでなければなりません。愛がぽたぽたと滴れば、希望がありますが、愛が乾いているとするならば、皆さんとその家庭は滅びるしかないということを知らなければなりません。愛の乾いた人は、愛の国の国籍から除名されるという事実を知らなければなりません。愛の伝統の世界から除外されるしかない運命になる、ということをはっきりと知らなければなりません。（八六―四）

＊

皆さんは、夫婦の愛と父母の愛を尊重できてこそ、天国へ行くことのできる資格者となるのです。自分たち夫婦が愛し合う以上に、両親を愛し、自分の両親を愛する以上に、おばあさん、お

じいさんを愛さなければなりません。それが天国の核心であり、理想的信条となるのです。（祝福家庭と理想天国Ｉ—九五二）

天国に行く人とは、どのような人でしょうか。

神様よりも自分の息子をより愛する人は、天国に行けないのであり、神様よりも妻や自分自身を愛するようでは天国に行けないのです。（三五—三〇五）

＊

＊

「私は劉孝元《ユヒョウォン》です。地上では先生の一番弟子として長い間、協会長を務め、み言《ことば》を受けて『原理講論』を執筆し、世界的経典とならしめたので、霊界では最も高い地位を占めるだろうと思っていました。ところが、先生が霊界の三位基台を編成なさったのですが、李起鍚《イキソク》、劉孝元、朴《パク》鍾九《チョング》の順でした。私は失望して不平を言いました。先生は、『ここは愛の世界であり、知性を競うのではなく、愛を競うところである。李起鍚のほうが愛をより多く所有していたのだ。だから李起鍚が三位基台の一番上の兄になったのだ』と説明してくださったので理解できました。私は、いまだ天国へ行くことができずにいます。今、行く途中です。これまでは知性的な面に傾いてやってきましたが、地上にいる妻と共に、懸命に心情的に働こうと思います。現在、天国には興進《フンヂン》様がいらっしゃいます。興進様も祝福を受ける前は、天国にお入りになることができなかったのですが、四位基台を立てて天国へ行かれました。霊界は、愛の世界です」。（祝福家庭と理想天国Ｉ—九五二）

天国には、独り者は決して行くことができません。独身者にとって天国は絶望の山河です。寂《じゃく》寞《まく》の山河には希望がありますが、絶望の山河というのは希望すらない状態ではないですか。（注：韓国語では「絶望」と「寂寞」の発音が似ている）（二一六―二〇）

＊

皆さんは、天国とはどのような所だと思いますか。天国は一言でいうと、完成した人が行って暮らす所だということができます。天国は真《まこと》なる愛をもった完成した人の行く所だとすれば、その真の愛をもった人というのは、どのような人なのでしょうか。人間には男性と女性がいます。神様の理想的愛が地上でどのようにして完成するかということを考えると、男性と女性を離れては完成されないという結論に至ります。完成した愛の主体性をもった男性と女性でなければ、神様の愛は完成されないのです。（八六―一六）

＊

天国復帰は誰がするのでしょうか。み旨のためならば十字架の道も感謝することができ、絶対夫婦、絶対信仰、絶対実践、絶対心情を主張することのできる夫婦から初めて天国の門が開かれるのです。（七五―四）

＊

天命を受けて、この怨讐《おんしゅう》の世界において手本となるような家庭になってほしいというのがお父様の願いであることを思えば、天国に行くためには、家庭を通さずしては行けないということを知らなければなりません。(二九―九)

＊

天国へは一人では行くことができません。祝福は、天国の門をさっと越えるということなのです。天国は、家庭的に行くところです。三代の因縁をもって行くところです。(二二―二六六)ヤコブの七十人の家族も、三代が合わさったものです。そのようにしてエジプトに行ったのです。

＊

本来、創造原則による天国とは、家庭を中心として行くところです。父母が行って、子供が行って、自分の家門全体が行ってこそ幸福なのであり、父母は地獄へ行き、子供だけが天国へ行ったとするならば、どうして天国だということができるでしょうか。ですから、統一教会が今後天国へ行くことのできる道を築くにおいて、家庭的な基準を立てなければなりません。そうしなければ天国へ行くことはできません。家庭を中心としてサタンの讒訴《ざんそ》し得る基準を脱しなければなりません。歴史的な讒訴基準、時代的な讒訴基準から脱しなければなりません。(二二―六三)

＊

一人では天国に行けません。一人では絶対に天国へ行くことはできません。アダムとエバが二人で堕落して地獄の門を開いたので、一人では天国へ行くことはできないのです。ですから、イエス様も天国に行けず、楽園にいるのです。イエス様も、新婦を迎えて初めて天国へ行くようになっているのです。今日のキリスト教信徒は、このようなことを知りもせずに、みな「イエス様についていく」と言います。そうなれば、彼らは行って、再び戻ってこなければなりません。家庭を築き、家庭的な復帰の基準を立てなければ、天国へ行けないのです。ですから、統一教会で祝福をしてあげるのです。(二三一二一五)

＊

女性が先に罪を犯したので、女性神である聖霊が来て母の実体として現れ、罪を洗い清め、世の中を清めたならば、イエス様は、新郎として新しい種をもって再臨しなければなりません。再び充電して、新たな天地の真《まこと》の父母の血族として、神様を中心とした新しい世界をつくろうというのが神様の目的です。そのような世界ができてこそ、神様の計画がみ意《こころ》のままに成されたといえるのです。目的もなく六千年の間、摂理してこられた神様だとすれば、そのような神様は信じる必要すらないのです。(二二一二〇〇)

＊

天国とは、どのような所でしょうか。男女が共に家庭を築いていく所です。ところが、イエス様はこの地に来られて新婦を取り戻すことができず、息子、娘をもてずに亡くなられたので、今まで

楽園で二千年間祈祷しながら、聖霊に役事させていらっしゃるのです。(二二―一九九)

＊

本来神様は、夫は天国に、妻は地獄に行くというように創造されたのではありません。創造当時の理想の主人公たち、すなわち父と母と息子、娘が氏族を成し、民族を成し、国を成そうとしたのでした。そうなるべきではないでしょうか。ところが、人間が堕落したので地獄が生じたのです。(一六―二三)

＊

統一教会でいう天国とは、一人で行く天国ではなく、家族が共に行く天国です。神様の創造理想から考えると、男性と女性が分かれていくところが天国でしょうか。そうではありません。二人で行く所が天国です。父親が行けば母親も行き、両親が行けば子供も一緒に行く所が天国なのです。天国へはお父さん、お母さんが一緒に行かなければなりません。お父さんは天国に行くのに、お母さんは地獄に行くというのでは、天国だと言えるでしょうか。このような立場から、私たち統一教会は歴史的な宗教です。(三四―二〇九)

＊

天国というのは、人間が堕落せずに、この地上で神様の愛の懐で成婚し、神様の喜ぶ息子、娘、神様の喜ぶ孫を得て神様の愛を受け、その家庭がみな一緒に行く所です。子供が行けなくても、自分さえ行ければ良いというのは天国でしょうか。

ところで、楽園というのは、いくら仲の良い夫婦や親子でも、別れて行くのです。家庭とは何ら関係がありません。そのような所が天国でしょうか。両親と共に家族全員が行って、神様を中心として授け受けすることのできる、そのような世界が天国です。息子は地獄で死にそうだとあがいているのに、親が天国でいい暮らしをすることができるでしょうか。そのような所を天国だと言えるでしょうか。(一九―一〇五)

＊

天国へは、個人的には絶対に行くことができません。先生が知っているところでは、天国は、これまでキリスト教徒が信じているような妄想的な所ではありません。本来天国は、家庭単位で行くようになっています。家庭が行くようになっているのです。家庭が行くのです。お父さん、お母さん、息子、娘が一緒に行って神様を中心として、共に生きることのできる所が理想的な世界なのです。ところが、父親は地獄へ行き、母親は天国へ行き、姉は地獄へ行き、弟は天国へ行くというのでは、自分が天国へ行ったとしてもうれしいでしょうか。天国へは、家庭単位で行くのです。家庭が行くのです。(二一―二七二)

＊

天国へ行く秘訣《ひけつ》とは何でしょうか。天国へは個人で行くのではありません。家庭的に行かなければなりません。家庭的に行かなければならないというだけではなく、一族を率いていかなければなりません。この地で神様の前に多くの一族がいるということは恵まれたことです。家庭にたくさんの息子、娘がいて富裕であれば、恵まれた家庭だといいます。そのように恵まれて天国へ行こうとするならば、個人が一人で行くのではなく、家庭的に行かなければなりません。(二三―一六八)

五　家庭盟誓《カジョンメンセ》

1. 家庭盟誓をすることができる者

家庭盟誓をすることができる家庭は、心と体が一つになった立場にある家庭です。心と体が一つにならなければ、家庭盟誓をすることができません。これを毎日のように唱えながら祈祷するとき、ここに不合格のすべてのものを除去して、そこに合致し得るものを加えて、解放の心身統一圏を備えなければなりません。その立場でするのです。(二六―一四三)

＊

家庭盟誓《カヂョンメンセ》のとおりにならなければなりません。この家庭盟誓を唱えるにおいて、「私たちの家庭は真《まこと》の愛を中心として」これが標題です。それは堕落圏を越えたということです。偽りの父母の愛と、偽りの生命と、偽りの血統を中心として分かれたものが、統一されることを言います。「真の愛を中心として」と言うときは、心と体が一つになった立場で唱えなければなりません。

その次には男と女、夫婦が一体となった立場で、その次は息子、娘が一つになった立場で唱えなければなりません。息子、娘を中心としてカインがアベルの血を流すようになった歴史的暗礁を、すべて消化しなければなりません。このようにすべて統一されて、心身統一、夫婦統一、子女統一の基盤の上で唱えるべきなのが、この盟誓だということを知らなければなりません。（二六四―一九二）

＊

家庭盟誓は、どんな人がすることができるのでしょうか。サタン世界の偽りの父母による偽りの愛と、偽りの生命の因縁をもった人はできないようになっています。これは本然の世界に帰って、神様と堕落していない真の父母と一つになって、真の愛によって心と体が一つになり、夫婦が一つになり、子女が一つになることのできる基準に立った人だけが、この家庭盟誓をするようになっているのです。（二六四―一二三）

＊

天国にはどんな人が入るのでしょうか。天国は誰でも入るところではありません。心と体が一つになり、夫婦が一つになり、子女が一つになって、三代が暮らす家庭の四位基台基盤を成してから入るところです。ですから天国に入るには、出発することのできる基地である家庭を中心として、完全に統一しなければなりません。そうすることのできる人々が唱える盟誓文が、家庭盟誓だということを知らなければなりません。

ですから毎日、朝食、昼食、夕食を食べる時ごとにチェックしなければなりません。そして、朝起きる時と夜になれば、必ずチェックしなければなりません。自分の心身が一つになれず、サタン的因縁を再び誘致させる立場に立たなかったかを常にチェックしなければなりません。夫婦げんかがあり得ないのです。夫婦がけんかするのは問題になるのです。

今まで自分勝手に生きてきましたが、これは将来、天法によって治められるべき時が来るというのです。厳格です。そこには許しがありません。女性は特別に、もっと注意しなければなりません。堕落した女たちは、口をよく主管しなければなりません。口を慎めというのです。女性が重要な責任を負わなければなりません。女性がすべての責任を取らなければならないのです。(二六四―一二四)

＊

家庭盟誓は一般の人がするのではありません。家庭盟誓は誰でもたやすくできるようにはなっていません。家庭盟誓《カヂョンメンセ》の八つの項の初めには「私たちの家庭は真《まこと》の愛を中心として」というのが前提になっています。それは、サタン世界と関係のない基盤で言う言葉です（二六三―一九四）。

2. 家庭盟誓の内容

①天一国《てんいちこく》主人、私たちの家庭は真の愛を中心として、本郷の地を求め、本然の創造理想である地上天国と天上天国を創建することをお誓い致します。

第一番は、「私たちの家庭は真の愛を中心として、本郷の地を求め、本然の創造理想である地上天国と天上天国を創建する」です。私たちの家庭は真の愛を中心として、本然の創造理想である地上天国と天上天国を創建するという言葉は、地上天国と天上天国を私がつくるということです。家庭を失ったので、家庭をつくらなければならないという言葉です。

私たちの家庭は真の愛によって、本郷の地を中心として、本然の創造理想である地上天国と天上天国を創建するというのです。本郷の地です。家庭を中心とした本郷の地です。国ではありません。それで故郷に帰らなければならないというのです。皆さんにそのような家庭があれば、故郷の地に帰って、地上天国と天上天国を成就しなければなりません。もう故郷さえ取り戻せば自然に国、世界、すべてが一つになるのです。心配する必要がありません。地上天国、天上天国が自然に築かれるのです。それは家庭で始まるのです。(二六〇―一五七)

＊

それで盟誓文の第一は何ですか。「真の愛を中心として本郷の地を求め」その地を求めていかなければなりません。「神様の創造理想である地上天国と天上天国」を完成することを誓うのではありません。創建しなければなりません。私の手でつくらなければならないというのです。悪魔の世界から完全に取り戻してこなければなりません。サタンの世界圏を完全に回復させなければなりません。分かりますか。ですから完成ではなく、創建です。(二六一―八八)

＊

第一番は何かと言えば、本郷の地を求めて、本然の創造理想である地上天国と天上天国を創建しなければなりません。失ったので、復帰しなければなりません。つくるのは、神様がつくってくださるのではなく、私たちが取り戻さなければなりません。(二六三―一四八)

②天一国《てんいちこく》主人、私たちの家庭は真《まこと》の愛を中心として、神様と真の御父母様に侍り、天宙の代表的家庭となり、中心的家庭となって、家庭では孝子、国家では忠臣、世界では聖人、天宙では聖子《せいし》の家庭の道理を完成することをお誓い致します。

二番目は、「私たちの家庭は真の愛を中心として」、真の愛を離れてはいけないのです。「神様と真の御父母様に侍り、天宙の代表的家庭となり、中心的家庭となって、家庭では孝子」、父も孝子になり、息子、娘も孝子になり、すべて孝子にならなければなりません。孝子の伝統を受け継がなければならないのです。「国家では忠臣、世界では聖人、天宙では聖子の道理を完成する」というのです。「私たちの家庭は真の愛を中心として、神様と真の御父母様に侍り、天宙の代表的家庭となり、中心的家庭となって、家庭では孝子、国家では忠臣、世界では聖人、天宙では聖子の道理を完成する」です。父母になって、息子、娘を正しく育てなければならないというのです。「聖子」と言うとき、息子の「子」の字ですか。息子を言うのです。聖子とは何かと言えば、天の国の宮法と、天の国の法と、地上の宮法と、地上の法とをみな守ることです。二つの世界を言うのです。天の国に王権があり、民がいれば、どちらもこの法を守らなければならないのです。霊界も王権があり、プラス・マイナス、二つの世界のプラス・マイナスになるのです。(二六〇—一五七)

神様と真の御父母様に侍って、代表的な家庭となり、中心家庭となって、家庭では孝子、孝女、国では忠臣、烈女、世界では聖人、天地では聖子の道理を天が願ったすべてのことを私たちの家庭で完成しようというのです。

＊

父母として子女教育と、国家では国民教育と、世界と天地では、その天の国の一族、家庭、食《シッ》口《ク》としての合格者になれるようにつくろうということです。（二六〇―一九〇）

＊

二番目は何ですか。代表的家庭です。「神様と真のご父母様に侍り、代表的家庭となり、中心的家庭となって、家庭では孝子、国家では忠臣、世界では聖人、天宙では聖子の（家庭の）道理を完成すること」を誓わなければなりません。今まで歴史時代に神様に不忠、親不孝だったこと、逆賊となったこと、これをすべて片づけなければならないというのです。

家庭にもそのような輩《やから》が多く、国家にもそのような輩が多く、世界にもそのような輩が多く、天地にもそのような輩が多かったというのです。多かったのですが、そのすべてのものを代表して真の父母と一つになり、このような家庭を完成しなければならないというのです。（二六一―一八八）

＊

その次は、孝子の道理、忠臣の道理、聖人の道理、聖子の道理をすべて愛を通して連結させなければなりません。アダム・エバの代表的家庭です。一番頂上の家庭です。頂上で結婚すれば地上に着陸するのです。天上で愛を中心として着陸すれば、中心家庭になるのです。それは聖子《せいし》の家庭であり、聖人の家庭であり、忠臣の家庭であり、孝子の家庭だというのです。永遠にそれが種になります。実は同じです。千代、万代この原則に立脚した人になることによって、間違いなく天の国の民になるのです。（一六二—一四九）

③天一国《てんいちこく》主人、私たちの家庭は真《まこと》の愛を中心として、四大心情圏と三大王権と皇族圏を完成することをお誓い致します。

三番目は、「私たちの家庭は真の愛を中心として、四大心情圏と三大王権と皇族圏を完成することをお誓い致します」です。皆さんは四大心情圏と三大王権をみな知っています。それは堕落する前のアダム・エバが、四大心情圏と三大王権を成して、皇族になることでした。それでこれは、復帰された皇族をつくって入ることを言うのです。私たち祝福家庭がこれを成さなければなりません。

女性が男性の愛を受け、男性が女性の愛を受けるためには、この立場に立たずしては愛することができないようになっているのです。夫婦関係で愛するのは、四大心情圏と三大王権の立場でするようになっているのです。愛がなければ、四大心情圏と三大王権があり得ないのです。ですから男性が女性に絶対に必要であり、女性が男性に絶対に必要なのです。祝福家庭は、これを標準として、毎日のように努力しなければなりません。実際問題です。みな目の前にいるのです（一六〇―一九〇）。

＊

三番目は、「私たちの家庭は真の愛を中心として、四大心情圏と三大王権と皇族圏を完成する」です。これはアダム・エバが初愛を中心として成すべきことを成せなかったので、これから本然的にこれを成すのです。聖子などは、みな復帰的内容があるので、それを育ててこのように越えていかなければなりません。「四大心情圏と三大王権と皇族圏を完成する」、これです。

皇族圏というものは、これから来られる再臨主の直系の子女たちは、蕩減《とうげん》条件がないのです。蕩減条件に引っ掛かりません。これは何かといえば、直系ではなく、地上でカイン圏の女性とカイン圏の息子に残してあげるのです。お母様を中心として見ても、そのようになっているのです。聖進《ソンヂン》のお母様と聖進を中心として、そのようなことが起こるのです。それは何かといえば、カイン圏をみな皇族圏として認定することです。弟として、復帰された弟の立場に立て、皇族扱いすることにより、サタンが讒訴《ざんそ》する道がなくなるのです。

サタンがなぜ認めるかと言えば、「自分の息子だ」と言うことのできる条件ができないからです。皇族圏というものを認めなければ、堕落したサタン圏内に皇族を離れた群れがいるということになるので、サタンが残るというのです。しかし、皇族圏を認定するので、サタンがいなくならなければならないのです。これは重要な言葉です。(二六〇―一九八)

＊

四大心情圏と三大王権を完成しなければなりません。おじいさんは、神様の代身です。お父さんは、二世の中心になっているので、この世界家庭の王になるのです。お父さんとお母さんには、王と后《きさき》のように侍らなければなりません。おじいさんには、神様のように侍らなければなりません。それで二つの愛を迎えることにより、神様の代わりにお母さんとお父さんの二つの愛を受けることができることにより、孫の時代に入って地上天国と天上天国の拡大世界に越えていくのです。(二六四―一九五)

＊

それをすることによって初めて、神様の本然的理想型、堕落していないアダムの本然的理想型である四大心情圏と三大王権を完成するようになるのです。「真《まこと》の愛を中心として、四大心情圏と三大王権と皇族圏を完成することをお誓い致します」。そのようになった家庭が、そうすることのできる立場に出ていくのです。神様と真の父母様に侍り、天下の代表、イエス様のような世界完成した立場に立ち、神様に対するようになるとき、サタンと永遠に関係がなくなるのです。今まで世界の人々が怨讐《おんしゅう》になり、長子の立場で天の側であるアベルを殺してきましたが、殺してしまうことができないというのです。

知ってみると、お兄さんだったというのです。お兄さんの立場から弟の立場に入れ替わっただけであって、兄弟です。ですから、このような群れを、世界の人々を、皇族として扱うのです。統一教会がアベル的皇族なら、サタン世界はカイン的皇族です。この統一教会の教会員たちは、カイン的皇族を一つにしなければ、天国に入れないということです。父母様と一つになり、これをしなければなりません。ここには反対がなく、順理的にみな従っていくようになっています。（二六一―一八八）

④天一国《てんいちこく》主人、私たちの家庭は真の愛を中心として、神様の創造理想である天宙大家族を形成し、自由と平和と統一と幸福の世界を完成することをお誓い致します。

四番目は、「私たちの家庭は真の愛を中心として、神様の創造理想である天宙大家族を形成し、自由と平和と（「統一と」はあとから加えられたので、この時のみ言《ことば》にはない）幸福の世界を完成する」です。「私たちの家庭は真の愛を中心として」、これは同じです。「神様の創造理想である天宙大家族を」、どんなに大きな家族でも一つの家庭です。霊界に行けば、一家庭だというのです。「形成し、自由と平和と（統一と）幸福の世界を完成する」です。そこに形成することによって、天宙的な自由、天宙的な平和、（天宙的な統一、）天宙的な幸福が宿る世界を完成するという意味です。（二六〇―一五八）

「私たちの家庭は真《まこと》の愛を中心として、神様の創造理想である天宙大家族を形成し」、神様の理想は世界がみな一つの家庭です。一家です。四大心情圏と三大王権を完成した人々でいっぱいの場なので、神様を中心とした一つの家庭であって、二つの家庭になることができないというのです。創造理想である天宙大家族を形成し、私たちは世界が一つの家族です。(二六〇―一九二)

＊

「天宙大家族を形成し、自由と平和と（統一と）幸福の世界を完成することをお誓い致します」、自由というのは、個人の自由ではなく、全世界の大家庭にいる人々の自由であり、大家庭の平和であり、大家庭の幸福です。全人類がみな幸福だということです。(二六〇―一九二)

＊

その次に四番目は何ですか。神様の真の愛を中心として何ですか。「創造理想である天宙大家族を形成し、自由と平和と（統一と）幸福……」、このような基盤があって、神様が願う創造理想は大家族です。カイン・アベルの世界が大家族です。本然の理想を、初めて四大心情圏と三大王権をすべて成したその場に大家族理想を完成するのです。そのような立場に立つことによって、自由と平和と（統一と）幸福の世界を完成することをお誓い致します。これがこのように順理的になっています。(二六一―八九)

⑤天一国主人《てんいちこく》、私たちの家庭は真の愛を中心として、毎日、主体的天上世界と対象的地上世界の統一に向かい、前進的発展を促進化することをお誓い致します。

五番目は、「私たちの家庭は真の愛を中心として、毎日、主体的天上世界と対象的地上世界の統一に向かい、前進的発展を促進化する」です。前進的発展は、毎日のように発展することです。ストップしないのです。ストップすれば、すべて地獄と連結されるのです。前進的発展をしなければなりません。前進的発展を促進化するというのです。

私たちの信仰生活は、毎日、天と霊界に関心があります。今まで統一教会の教会員たちが霊界を中心として毎日の生活をしなければならないのに、そのようにできないのが問題です。考えてみてください。この世に関して先に考え、霊界に対する考えは後回しです。その反対にならなければなりません。私たちの家庭は真の愛を中心として、毎日、主体的天上世界と対象的地上世界の統一に向かって、一つにならなければなりません。ストップするのではなく、前進的発展をしなければなりません。

生きているものは発展するし、死んでいるものはストップするのです。また促進化するというのです。止まるものは地獄と連結され、成長は繁栄と連結されるのです。天国に連結されるというのです。私たちに止まるということは必要ありません。皆さん、統一教会に入るときは喜んだのに、今まで十年、二十年たってみるとどうですか。ストップは下がっていくのです。ストップは地獄に連結され、成長は天国に連結されます。ストップはサタンが一番願うことです。ですから毎日、一つずつプラスしなければなりません。重要な言葉です。これまでこの世ではみなお金を集めようと必死ですが、私たちは一人の生命を救うために必死にならなければならないのです。(一六〇―一五九)

*

私たちの家庭は毎日、主体的天上世界、主体的な大きな天上世界があるということを知らなければなりません。どこがプラスかと言えば、霊界がプラスです。心がプラスであるのと同じです。体は世界を代表し、心は霊界を代表するのです。心はプラスのようなもので、体はマイナスのようなものです。ですから主体的心の世界が分からない生活をしたならば地獄に行くようになるのです。

体が心を打つのと同じように、心を否定してきましたが、これを反対にしなければなりません。それで「毎日、主体的天上世界と対象的地上世界の統一」、主体世界と対象世界が統一されなければならないのです。「統一に向かって前進的発展」、前進していく発展です。「前進的発展を促進化することをお誓い致します」、促進化、早く、早く、早くするようにするのです。

停止してはいけません。停止すれば、もう落ちるのです。地獄と通じ、死亡と通じるのです。停止は下がっていって地獄と通じ、死亡と通じるのです。停止は下がっていって地獄と通じ、促進は発展と通じるのです。促進、急ぐのです。寝てばかりいて、怠けて食べ、楽しみ、そんなものは歴史にないというのです。忙しいというのです。人生は短いのです。宇宙が大きいですが、焦点は一点と同じように、焦点が一周回れば、これも一周回らなければならないというのです。同じように回らなければなりません。ですから焦点を合わせなければならないというのです。

それで「私たちの家庭は真《まこと》の愛を中心として、毎日、主体的天上世界と対象的地上世界の統一に向かって前進的発展を促進化することをお誓い致します」です。休まずに走れというのです。先生のようにです。寝もせずに走れ走れ、というのです。そうして私が考えたその世界と関係を結ぶのであって、考えもしない世界に関係をどうやって結びますか。そうしてこそ統一されるというのです。一緒に考えてあげなければなりません。相対的に考えてあげなければならないのです。（二六〇―一九四）

＊

家庭盟誓《カヂョンメンセ》の五番は、「私たちの家庭は真の愛を中心として、毎日、主体的天上世界と対象的地上世界の統一に向かい、前進的発展を促進化することをお誓い致します」。これは世界がみな同じ家庭だということです。天地にすべて主体的天の国の相対的立場で一つにならなければなりません。一つになるだけでなく、地上に地上地獄分野、サタン圏が残っているので、早く促進化させなければなりません。一日が忙しいのです。(二六四―二〇一)

⑥天一国《てんいちこく》主人、私たちの家庭は真《まこと》の愛を中心として、神様と真の御父母様の代身家庭として、天運を動かす家庭となり、天の祝福を周辺に連結させる家庭を完成することをお誓い致します。

六番目は、「私たちの家庭は真の愛を中心として、神様と真の御父母様の代身家庭として、天運を動かす家庭となり、天の祝福を周辺に連結させる家庭を完成する」です。自分だけ良い暮らしをしようとしてはいけないというのです。「私たちの家庭は真の愛を中心として神様と真のご父母様の代身家庭として」、ですから天運が神様と真の父母様と共にあるのです。天道を動かす、天運を動かす家庭となって、天の祝福を周辺に連結させる家庭を完成するというのです。その言葉は、どこに行っても私たち祝福家庭たちは、全体に福を分けてあげることのできる中心家庭になるということです。(二六〇―一六〇)

*

六番目は、「私たちは真の愛を中心として……」、真の愛を知っているでしょう。いつも考えなければなりません。「神様と真の御父母様の代身家庭として……」、神様の家庭と真の父母の代身家庭です。皆さんが天運を動かす家庭となるのであり、神様と真の父母の代身家庭は天運を動かす家庭です。「天の祝福を周辺に連結させる家庭を完成することをお誓い致します」。天のみが祝福を受けて、良い暮らしをしようというのではありません。結局は王族となって、全体の人々を国民につくらなければならないということです。真の愛を中心として、神様と真の父母の代身家庭として、天運を動かす家庭となり、神様と真の父母の代身家庭は天運を動かすというのです。「天の祝福を周辺に連結させる家庭を完成することをお誓い致します」。天のすべての祝福を万民に平等に分けてあげる家庭的福の基になろうというのです。神様と真の父母の家庭は、一つの家庭です。一つの家庭ですが、祝福家庭たちが多いので、全世界に広がって、神様の家庭と真の父母の家庭の代身として福を受ける基となって、分けてあげる家庭にならなければならないということです。(二六〇―一九五)

＊

天運を動かすのが六番でしょう。「真の愛を中心として真の御父母様の代身家庭として、天運を動かす家庭」になるのです。真のご父母様が受けたすべての受難は、自分が良い暮らしをするためのものではありません。全人類を自分が解放し、天運を分かち、天運を移してあげるためのものです。真の父母についてくる天運を、ただそのまま渡してあげなければなりません。

福の基になれということです。分かりますか。どんなに促進化され、一つになっていても、その人が地上に来て、自分なりの福だけを受けて行ってはならないのです。地上に功績を立てて、すべての人が満足して、大きな天運の恵沢を受けられるものを渡してあげてから、行かなければなりません。

先生が今まで幸福と自由の環境で、天下を動かすことができ、福を受けることのできるこのような環境で、父母のみ旨を立てるために、反対の道をすべて経て、万民にまで天運をつないであげるためにやってきたので、真《まこと》の父母の家庭の代表者として、皆さんも天運を分配してあげる家庭になってこそ、真の父母のあとに従って、天の国で呼吸を共にし、面と向かって暮らすことのできる面目が立ち得るということを言うのです。(二六一―九二)

*

その次は、「私たちの家庭は真の愛を中心として、神様と真の御父母様の代身家庭として、天運を動かす家庭となり、天の祝福を周辺に連結させる家庭を完成することをお誓い致します」。福の基になれというのです。そうしてこそ天と地の一つとなったすべてのものを備えて、その場を中心として、神様が下さった福の基になるのです。分かりますか。福のセンター―になれというのです。(二六四―一〇二)

⑦天一国主人《てんいちこくしゅじん》、私たちの家庭は真の愛を中心として、本然の血統と連結された為《ため》に生きる生活を通して、心情文化世界を完成することをお誓い致します。

七番目は、「私たちの家庭は真の愛を中心として、本然の血統と連結された為に生きる生活を通して、心情文化世界を完成する」です。「私たちの家庭は真の愛を中心として、本然の血統と連結された」本然の血統です。血統が重要です。血統が変わってはならないし、汚してはいけないのです。心情文化世界の形成を完成するというのです。心情文化というものは、すべての生活において、真の愛によって為に生きる思想が入っていなければならないのです。心情文化世界と言うときは、全体を代表した一つの囲いを言うのです。心情圏の氏族（宗族《そうぞく》）を言うのです。（二六〇－一六〇）

＊

心情文化世界が何か分かりますか。神様の心の世界も、天上世界も、地上世界も、真の父母の心の世界も、一つだというのです。それで「心情文化世界の形成を完成することをお誓い致します」、これが私たちの理想です。文化が二つではありません。堕落した世界は文化が複雑多端なのです。それを通してこそ個人天国、家庭天国、氏族天国、国家天国、天上天国、永遠の世界の天国へと連結されるのです。その心情でなくては、個人、家庭、氏族を連結することができませ

ん。心情文化世界でなければ、個人から天宙まで連結することができないのです。(二六〇―一九六)

＊

私たちの世界は心情文化世界です。神様のただ一つの愛を中心とした統一家族、一家族です。高いもの低いものがなく、五色人種が一つの家族生活をしなければなりません。将来、そのような時が来ます。全世界が動員して平均的な生活を定めよう。世界の公義がそのようになったらどのように定めるのか。どの国を中心として定めるのか。このように言うときは、北韓があのように貧しければ、貧しい北韓を中心として基準にするのです。アフリカではありません。アダム国家ならアダム国家、日本の国ではありません。アダム国家を中心として一番貧しい人を基準にするのです。(二六一―九三)

＊

心情文化世界は本然的神様の文化世界であり、堕落していない完成したアダム文化世界です。文化が二つではありません。一つしかありません。言語も一つであり、風習も一つであり、伝統も一つしかない、このような統一の世界になることでしょう。そこにおいてのみ神様が個人にも共に住み、家庭にも共に住むということを知らなければなりません。(二六一―九五)

＊

その次には、「私たちの家庭は真《まこと》の愛を中心として、本然の血統と連結された心情文化世界を完成することをお誓い致します」。心情世界です。真の愛が表面化された世界です。どの町に行っても、道の要所で夫婦がお客さんを迎えるために待ちわびる世界にならなければなりません。ごちそうを作ったなら、それを世界の兄弟の前に分けてあげるために、道に出て待ち、迎えて入るのです。自分の兄弟のように自分の家に世界の家庭を迎えて、多くのものを食べさせ、たくさん奉仕する時代に入っていくのです。こうして心情を表面化させて、世界化させる時代になることによって、統一の心情文化世界、単一文化世界、統一文化世界が来るのです。戦争がなく、紛争のない一つの世界、地上天国と天上天国世界になるのです。心情文化世界になれば、終了だというのです。（二五四－一〇二）

⑧私たちの家庭は真の愛を中心として、成約時代を迎え、絶対信仰、絶対愛、絶対服従によって、神人愛一体理想を成し、地上天国と天上天国の解放圏を完成することをお誓い致します。

八節は何ですか。「私たちの家庭は真の愛を中心として、成約時代を迎え、絶対信仰、絶対愛、絶対服従によって、神人愛一体理想を成し、地上天国と天上天国の解放圏を完成することをお誓い致します」。それが何かと言えば、エデンの園の神様が創造するその当時の内容です。成約時代を中心として絶対信仰、絶対愛、絶対何ですか。絶対服従によって地上天国と天上天国が神人愛一体圏となって、神様のような息子、娘のすべての権限も自由に行使することができ、自由奔放な世界となってどこでも通じる、活動できる能力者になって、初めて神様を解放させることができるのです。地上天国と天上天国の解放圏です。(三〇一―八五)

＊

神様が創造するとき、神様自体が絶対信仰、絶対愛、絶対服従する位置にいたので、その相対的家庭を成すことができずに、すべて地獄に落ちたのです。真《まこと》の父母の勝利圏によって一つになったすべての基盤において、絶対信仰、絶対愛、絶対服従することによって、アダム家庭で失ったものを世界的に越えていくこの時であるがゆえに、統一教会は真の父母を中心として、絶対信仰、絶対愛、絶対服従をしなければなりません。真の父母は神様の前に絶対信仰、絶対愛、絶対服従の伝統を受け継いできたので、それを伝授されなければなりません。分かるでしょう。天の祝福が共にあることでしょう。(九六・一一・三)

＊

宿命的課題と運命的課題であるすべての父子の関係の因縁が一つにならなければなりませんが、何を中心として一つになるのでしょうか。骨髄から、赤ちゃんの種から、真の愛を中心として一つにならなければなりません。それで生まれて今、心と体が大きくなって、世の中をすべて抱いて、父も抱いて母と一つになるのです。

父母様が言うそこには、絶対信仰、絶対愛、絶対服従、おじいさんが言う時は、孫も絶対信仰、絶対愛、絶対服従。お父さんも絶対信仰、絶対愛、絶対服従、同じです。永遠に伝統的に相続されていくというのです。宿命的提案解怨《かいおん》！　こうしてこそ第八盟誓《メンセ》においての成約時代を迎えて、絶対信仰、絶対愛、絶対服従によって、神人愛一体、神様と人間が一体、愛によって一体になるのです。一体を成して、その次には、そこから地上天上天国の解放圏です。(九八・八・二八)

第三章　国家、世界観

一　人類が追求してきた一つの国家、世界

1．アダム主義、アダム国家、アダムの世界

本来、人間始祖アダムとエバが堕落しなかったならば、どのようになっていたでしょうか。アダム家庭でのアダムは、族長になるのです。族長になると同時に民族長になるのです。また国家の代表者となり、アダム王となるのです。それゆえ、この世界はアダム主義で一つに統一されるのです。つまらなくみっともない主義たちは、ほうり出さなければならないのです。くだらない主義が現れて世界を攪乱《かくらん》させているので、私たちはこのような主義を根こそぎ全部引っこ抜いてしまわなければならないのです。

主義もアダム主義、言語もアダム言語、文化もアダム文化、伝統もアダムの伝統、生活方式もアダムの生活方式、制度もアダムの制度、すべてのものがアダム国家の理念制度にならなければならなかったのです。このような主義は「神主義」です。神様の心によって神様と一つにならな

ければならないので「神主義」と言うのです。（二〇―一二三）

＊

家庭を中心として見るとき、堕落していないアダムとエバの家庭が、アダムとエバ二人だけの家庭でしょうか、宇宙を代表した家庭でしょうか。その次に、神様においてその国は、誰の国でしょうか。神様の国ですか。アダム、エバの国ですか。神様との共同目的をもった、神様を中心としたアダムとエバの国です。そして、その国が拡大されたのが世界ですが、その世界もやはり神様を中心とした世界です。それを知らなければなりません。（一六一―四三）

＊

私たちはどこに行くのでしょうか。天国ですが、家庭的天国から、氏族的天国、世界的天国、宇宙的天国に行くというのです。そこまで行かなければならないのです。地上での世界を自分の国と思い、万民を自分の兄弟と思い、世界を中心としてこのように伝統を受け継いだ人は、間違いなく天国に一番近いところに行くのです。これは理論的です。（一六一―三五）

＊

皆さんが天国に行くとき、「うちのお父さん、お母さん、息子、娘を連れていく」と、こんな考えをしないでください。「国を連れていく」と言わなければなりません。国を捨てて自分の家庭を中心として、「ああ！　私の息子、娘よ……」ではないのです。国を連れて入らなければなりません。国の中に民族がすべて入っていて、自分の息子、娘もすべて入っているのです。先生で言えば、先生の考えでは「世界を連れて天国に行かなければならない」と、このように今まで御飯を食べ、行動し、生きてきたのです。このように生きてきたので、この天上世界の中心位置に行くのです。正にこれが神様の考えです。真《まこと》の父母の考えであり、真の子女の考えではないでしょうか。(一六一—一三五)

＊

神様が創造した世界には国境があり得ません。黒人、白人の人種問題が問題になりません。善悪の闘争もそこには必要ないはずです。このような観点から見たとき、私たちが住んでいる世界には各国ごとに国境があります。黒人、白人の人種問題だけではなく、家庭においても夫と妻、父母と子女間にすべて分裂が起こっています。善なる人と悪なる人が闘っているのです。このような現情勢を見たとき、再臨主は国境がない国をつくり、人種問題を超越して世界を一つにつくらなければなりません。分裂した家庭を全部統一しなければならず、善悪が闘っているこの世界に平和の王国をつくらなければなりません。(五三—七二)

＊

神様が確実にいることさえ分かれば、神様のみ旨についていかざるを得ません。神様のみ旨とは何でしょうか。この世界人類を御自身が愛される民につくり、この地球星を御自身が愛される

国土につくり、この国土と民を合わせて一つの主権国家をつくろうというのが理想世界です。(五六―一九二)

＊

皆さんにはそのような国がありますか。ないので、その国を求めて成さなければならないのではありませんか。その国はどんな国でしょうか。理想の国、統一の国なのです。万民が行くことのできる国なのです。この国を成すのには例外があり得ません。ここには家庭も協助し、氏族も民族も世界もみな協助することでしょう。そうして個人を統一することができ、家庭、氏族、民族、国家、世界を統一することができるのです。(一八―二一三)

＊

人は誰でも自分の国で生きるべきです。それは人間に賦与された絶対的な条件です。一人も漏れなくその国とその義のために希望に満ちた義の生活をしなければなりません。思いによって理想郷を描き、生活によって義の法度を立てながら、その国とその義のために生きよというのです。(一八―二一三)

＊

普通、世界主義と言えば、民族と国家を無視して全世界を一つの国家、全人類を同胞と見るという意味で終わりますが、統一教会で叫ぶ世界主義は、家庭からその壁を超越するのです。父母であられるお一人の神様と、血肉の本当の兄弟と変わりない同じ兄弟たちである全人類が、一つの世界を成すという世界主義です。これは、どれほど素晴らしい世界主義でしょうか。(八一・四・二五)

＊

天国とはどのようなものでしょうか。地上天国とはどのようなものでしょうか。私たち統一教会の食口《シック》のような人が、全世界に住むのです。それが地上天国です。この地上のすべての人たちが統一教会の食口のように住めば、それが地上天国です。その世界とは、神様と共にある世界です。誰かが「神様はいない」と言うこともなく、神様に対して疑いません。神様を私たちの父として、すべてが一つになった世界です。その次にサタンの誘惑……。サタンがいないのです。神様が主管する世界、それが地上天国です。神様が私たちと暮らすのです。(七九―三〇四)

＊

これからこの世界問題を解決して、人類の道徳問題をすべて解消させるためには、堕落論がなくてはならないのです。堕落論なくしては人間の問題が是正されないのです。これは、サタンが天を裏切って歴史を引っ張ってきた最後の絶望的終末現象だというのです。これは人類を破綻《はたん》、滅亡させるための戦略です。これを解消しなければ歴史が解かれないのです。歴史が解かれなければ歴史を清算することができないのです。これに対する代案を中心として、神様の創造と理想の代案を中心として、私たちは神主義に帰ろう、真《まこと》の愛主義に帰ろうというのです。それは自分自身のためではなく、為他的なのです。愛の相対を創造しなければならないというのです。そのような内容でなければ収拾する道がありません。(二一九―二六四)

結婚をなぜするのでしょうか。神様の愛を中心として、神様に侍り、男性、女性を統一するためです。天下の起源、平和の起源はここから始まるのです。真の愛の本質は父と母のために生き、母が父のために生き、兄が弟のために生き、このように「ため」に生きることです。「ため」に生きる愛によって、もつれてしまったそこに永遠な神様の愛が臨在することにより、その家庭は永遠無窮の永生的家庭になるのです。これを統一思想と言います。(二三一―一七五)

＊

２．その国は私たちすべての願い

私たちは、神様の国を慕い仰ぎます。そこは、愛があるところだからです。一時的な愛ではなく、時間を超越した永遠なる愛が存続することができるところです。また、自分自らを高めることができるところであり、自分の価値を一〇〇パーセント認定してくれるところだというのです。すなわち、永遠に幸福なところです。ですから人間は、天国を慕いあこがれるのです。(二五―二八四)

＊

もし地上の国家を復帰することを自分の生涯に果たせなかった場合、皆さんは霊界に行っても天国に属した人としての価値をもつことができません。地上で神様の主管圏内で統治された実績をもって、霊界に行かなければなりません。それは、本来の創造基準なのです。(四〇―一三二)

＊

私は今、世の中にうらやましいものがありません。この世的に見ても、うらやましいものがありません。この世的なものには考えがいきません。お金、土地、家、そんなものには関心がないのです。「部屋、一部屋でも何でも、死ぬとしても私の国で死ななければならない。神様が保護することができるその国で死ななければならないのではないか。私がそのように生きていくことができなければ、その生涯は、悲惨な生涯ではないのか。だから死ぬ前に、一日でもその国を訪ねていかなければならない」と。これが先生の一生の願いです。その日のためには、数千日の犠牲を投入しようという心で前進しているのです。皆さんは休んでも、私は前進しているのです。皆さんができなければ、外国人を動かしてでもやらなければならないし、大韓民国ができなければ、外国を通して包囲作戦をしても行かなければなりません。(五一―三四〇)

＊

私たちの信仰の目標は、神様の国の民になることです。その国の民になれなければ、その子女として自由自在に万民、あるいは万物世界に誇り、愛される道は現れません。国がない者は、常に攻撃されるのです。かわいそうな立場に立つようになります。あきれるほどやられる場合がいくらでもあるのです。ですから神様が願う国がどこにあるのか、神様が足場とする国がどこにあるのか、これが問題です（五五―八〇）。

＊

私たちがこの国、この民族のために血と汗を流すのは、結局、永遠なる天の国を成すため、千秋万代の後孫たちがとこしえに褒めたたえられる福地を成すためです（一四―一九三）。

＊

その国は、神様を中心として直系の子女が天命を奉じ、神様に代わる命令をもってその王権によって治める、そのような国であることは間違いありません。そこには、民主主義や共産主義があり得ないというのです。一度、形成されれば、永遠の国家体制として残るというのです。そのようなことを考えるとき、私自身がそのような国の民になれなかったという事実が、怨痛《えんつう》なことではないかというのです。私自身がそのような国で暮らせないことを嘆かなければなりません。そのような一つの私を備えられないことを嘆かなければなりません。そのような一つの不変の主権をもつことができなかったことを、私たちは嘆かなければなりません（七二―二九二）。

＊

主権と国と国土を建てるために、人類は、主権国家を建ててきました。その中で数多くの人が死に、数多くの民が犠牲になり、数多くの国が滅び、数多くの主権が交代してきた事実を知らなければなりません。そのように犠牲になった数多くの人々、天の側にいる人々、あるいはそのようなみ旨のために犠牲になったすべての哀魂は、ある一時に、そのような国、そのような世界を成してくれることを願うのではないでしょうか。(七二―二九二)

＊

神様が愛する息子、娘を地上に送り、絶対的な天の国家を建てるためのことを進めてきましたが、現時点で、一つの国家を復帰し得る基盤をつくることができませんでした。何度も失敗したので、この地上に天の人を送り、それを治めさせて推進させ、成就させるために努力してきたのが、今までの天の役事だったのです。(三〇―一〇)

＊

主権のない国の国民は、かわいそうなのです。それでイエスが案じて、「何を食べようか、何を飲もうか、あるいは何を着ようかと言って思いわずらうな。これらのものはみな、異邦人が切に求めているものである。あなたがたの天の父は、これらのものが、ことごとくあなたがたに必要であることをご存じである。まず神の国と神の義とを求めなさい。そうすれば、これらのものは、すべて添えて与えられるであろう」（マタイ六・三一～三三）と言われました。先に息子を求めよと言われましたか、国を求めよと言われましたか。神様が望んでいる国を求めよと言われたのです。(三四―三三七)

イエス様も楽園に行って待っていらっしゃるのです。天のみ座の前に行けなかったということを知らなければなりません。イエス様は神様の前に、国の主権を建てて国を治め、地上から天国まで直通し得る権限をもった国をつくれなかったので、神様の前に立つことができないのです。ですから楽園は、天国へ行く待合室です。また、天国へは一人では行けないのです。天国へは本来、堕落していないアダムとエバ、家庭単位で行かなければならないのです。息子、娘と共に行かなければなりません。そうでなければ行けないのです。(五六―二〇一)

＊

今まで宗教人たちは、なぜ生き残ることができないようなことをしたのでしょうか。宗教に協助してくれる家庭もなく、社会もなく、国もなかったからです。国がない民なのです。国があったならば、氏族が反対する立場に立ったとしても、その国圏内に生き残る道があったのですが、今まで宗教を信じた人たちは、どこに行っても迫害され、どこに行っても血を流す祭物の道を歩んできたのは何のためでしょうか。国がなかったからです。主権者がいて国があったならば、「やあ、お前たち、これが正しいのだ」と言えば、「はい」となるのに、国がないので苦難を受けるのです。(五六―一五九)

＊

今日、この地上に霊的救いを完成した世界圏、キリスト教文化圏の世界が民主主義世界です。ところが神様が選定したイスラエル民族が選民思想を受け継いできたのと同じように、その選民を定め、間違いなくお前の国にメシヤを送ってあげようとイスラエル民族に対してきたのに、その約束と共にあるべきキリスト教国家が世界にはないのです。皆さん、これを知らなければなりません。ですから地を失い、国もなく空中に名前だけもったその国を追求して、東から追われれば西に逃れ、北から追われれば南に逃れ、彷徨《ほうこう》しながら、死の道を避けながら世界的な発展をしてきたのがキリスト教文化圏の世界です。(六五―四八)

＊

統一教会員たちも国がないのです。今の民主主義の世界も、神様が六千年間苦労してつくってこられたのです。もし皆さんが昔のイエス時代のイスラエルに生まれていたならば、皆さんの首は既に落ちて久しいはずです。先生のような人は既に、この世の中には痕跡《こんせき》もなくなっていたことでしょう。国家的に不義のサタンの代役者がいるかと思えば、現在の世界的な不義の代弁者である共産主義が宗教を抹殺するための最後の背水の陣を敷いているというこの厳然たる事実を、私たちははっきり知らなければなりません。私たち統一教会員たち、国がありますか。ですから賤《いや》しい者ではないですか。行く所がない賤民《せんみん》扱いを受けたのではないですか。その誰よりも悔しいことを忘れてはならないのです。(五五―二〇九)

国がなければ、いくら良い幸福な家庭であっても、馬賊が出てきて、首を切られることがあり得るのです。ですから国を求めなければなりません。これを、宗教人たちは知らないでいるのです。宗教人たちは全く知りません。善なる国を求めなければなりません。これが宗教の目的です。（五七―二六〇）

*

その国を探せる代表的な一人の個人は、どこにいるのでしょうか。この地上にはいません。それで、宗教を通して、そのような代表的な一人の方に仕えようとする思想が、再臨思想です。この再臨思想を中心として、新しい個人が現れるのです。新しい家庭、新しい氏族、新しい民族、新しい国家、新しい世界の形成が起こるのです。それで再臨思想は、他の思想とは根本的に次元が違うのです。

*

それで、その代表的な人は、死亡の世界から腐った死体を取り除き、そこに根を下ろし、それを肥やしにして大きくならなければなりません。ここで良いというものを肥やしにできる力をもった、新しい主体的な人格を備えてこられる人です。サタン世界で良いというものを自分の生命体として復活の権限を誓い得る息子ならば息子、民ならば民が備えなければならない人格は何かというとき、この死亡の世界、腐った死体のようになったものを肥やしにして、大きくなれる主体力をもった人格者でなければなりません。言い換えれば、死亡の世界に支

配される人ではありません。(四九―九三)

＊

人類を救うために来られる方が再臨主です。天は基準さえ立てられれば打ちます。攻勢を取ります。だからと言ってスターリンのように首を切って殺すのではなく、一度に降伏させるのです。一番目は理念、二番目は民、三番目は主権、四番目は領土でサタンを降伏させなければならないのです。人は誰でも、お金と権勢と友達と理想が共にあることを願いますが、その四つは正にこれを代表したものなのです。(一二―一六九)

二　理想社会、国家、世界の構造

1. 人類大家族社会

私たちが住みたいところは天の国、天国で暮らしたいというのが合っています。天の国に境界線がありますか。ありません。天の国で使う言葉は二つですか。違います。人種の差がありま す

郵 便 は が き

おそれいり
ますが50円
切手をお貼
りください

150 - 0042

(受取人)
東京都渋谷区宇田川町
37-18 トツネビル3F
(株) 光言社
出版部愛読者係 行

ご投稿くださいました方の中から「光言社オリジナルはがきセット」を毎月抽選で30名の方にお贈りします。

通信欄 今後どんな内容の本がご希望かお聞かせください。
また、ご要望その他なんでもお聞かせください。

今回お買い上げいただいた書籍名（タイトル）	お買い上げ書店名 お買い上げ日（　　月　　日）

ご購読ありがとうございました。今後の出版企画の参考にさせていただきますので、下記にご記入の上、ご投函くださいますようお願い申しあげます。

本書を何でお知りになりましたか

□新聞・雑誌広告を見て（紙誌名　　　　　　　　　）
□書店の店頭で見て（　　　　　　　　　）
□人に勧められて（　　　　　　　　　）
□当社からの案内・パンフレットを見て（　　　　　　　　　）
□その他（　　　　　　　　　）

ご購読新聞	ご購読雑誌

本書についてご感想をお聞かせください

フリガナ お名前	生年月日　　　才 年　月　日	性別 男・女
ご住所　〒 お電話（　　　）　　ー		
ご職業　1.会社員　2.公務員　3.自営業　4.自由業　5.医師　6.アルバイト　7.教職員　8.主婦　9.学生　10.その他（　　　）		
勤務先・学校名	所属クラブ・団体名	ご趣味

か。ありません。それでは天の国とは何なのでしょうか。人はみな神様の懐から生まれたので、人類はみな兄弟です。神様を中心として見れば神様の息子、娘なので、すべてが兄弟であり、地上天国を中心として見れば民となります。地上天国の国民だというのです。民だというのです。(六六―二八一)

＊

完成した人はどのようでなければならないのかというと、天と共に世界的な一つの国民にならなければなりません。皆さんはどの国の人でしょうか。皆さんにはアメリカ人、ドイツ人、韓国人といろいろいますが、私の国はどこにあるのでしょうか。この地球です。この地球が私の国です。私の故郷とはどこでしょうか。この地球が私の故郷です。私は国境のようなものは知りません。黒人、白人のようなものも知りません。すべて神様の子供です。(七九―一二四)

＊

原理は、永遠の歴史を通じても変わらない真理です。これは、どんな偉人の権勢や国家権力でも変えることができず、世界も神様も変えることができないものです。過去、現在、未来にわたって変わらない真理だとすれば、これは人間が本来願う理想的な価値をもっているものに違いありません。この原理によって復活した人たちが国家を超越し、世界を超越して一つになれば、すべてが兄弟なのです。そこには白人もなく黒人もなく黄色人もありません。考えてみてください。黒人だと言っても、皮膚の色が違うだけで、すべてが同じです。骨も同じ、肉も同じ、血も同じ、心も同じです。皮膚の色だけが少し違うのです。これは気候と環境によって異なったことなので、仕方がないことです。(七五・七・二三)

＊

松の木を見てください。極寒地帯から温帯圏に行くにつれ、種類が少しずつ異なります。松の木が立っている地域環境によってだんだん異なり、またそれが出発した基準と歴史を通して種類が異なるのです。また、熊を見てください。北極の熊は白熊です。白色でなければ駄目なのです。それは環境のためなのです。保護色が白色だからです。白色人種は何かと言えば、北極の白熊と同じようなものであり、黒色人種は、暑い温帯地方の黒熊と同じようなものなのです。ただその違いだけです。ところで黒熊と白熊がお互いに「お前は白熊だから」、「お前は黒熊だから」と言いながら共にいることができないと言うことができるでしょうか。(七五・七・二三)

＊

すべてが一つにならなければなりません。統一教会は結婚式を国際的に行います。西洋人と東洋人が結婚をします。白人と黒人が結婚をすることもあります。人種を超越し愛し合う姿、それは歴史にもない美しさです。そのようにならないところに問題があるのであって、それは一番美しいのです。このような主張を訴える世界的な思想がなければ、人類は滅亡してしまいます。神様を中心として見れば人間はみな兄弟です。神様の前ではすべてが一つになれないわけがありません。アメリカの建国精神は「神様のもとの一つの国家（one nation under God）」です。これは素晴らしい精神です。また、現在そのようになりつつあるのです。（七五・七・一三）

＊

万民はその生きていく環境が違うだけで、人間という点で白人も黒人も同じです。もしある人が黒人の女性と結婚して暮らしながら黒人の子供を生んで、そうして再び白人女性と結婚して白人の子供を生んだとすれば、その人は白人の父にもなり、黒人の父ともなるのです。すなわち、彼らの父は一人の父だというのです。どんなことがあっても世界人類が一人の父によって生まれた兄弟だという心情がわき出すようにしなければ、世界人の統一は不可能であり、万代の糾合は不可能です。（一八―一一二）

＊

全世界の人種が一つになる一番の近道は、国際結婚しかありません。二つの全く異なる文化圏と環境から選ばれた男女が、神様の愛によって仲良く一つにならなければなりません。これが完全な調和と統一なのです。このように理想を実現するのが私たちです。偉大なことを成就させるために私たちは、巨大な愛の力を求めなければなりません。ただ、最高の愛の力によってのみ、そのような力を発揮するのです。社会の動きと環境によって翻弄《ほんろう》されるような愛ではありません。最高の愛だけが国境を越え、人種の境界を越え、文化の境界を越え、知識の境界を越えるのです。（九三―三八）

これからどのように世界を一つに統一するのか、また、心情交流の土台をどのように築くのか、これが問題です。それで先生は、これから独身の男女を国際結婚させようと思います。これは神様が願われることです。神様は、韓国の枠の中だけで身をかがめて座っている、そのような人を神様は願われません。神様は、御自身の理念圏内ですべてのことが成されることを願われます。共産主義の女性たちは、労働者と結婚することが最高の希望です。しかし統一教会の娘たちは、それ以上にならなければなりません。(一七―四三)

*

さてこれからは、自分の家庭が異国の民族と一つになることができる血統をどのくらいもっているかということが、霊界に行って誇れる内容になります。ですからこれから皆さんの息子、娘が結婚するときには、国際結婚をたくさんしなければならないのです。これから統一教会の独身男女はみな、国際結婚をしなければなりません。男性も女性も生まれたならば、一度はやってみる価値があるのです。(三四―七三)

*

神様は公平です。アメリカは神様の祝福によって物質文明を花咲かせた代表的な国となりました。ですから外的な基準から内的な基準に急に変わることは難しいのです。反面、東洋では物質的面よりは精神的面を重要視します。西洋は外的には祝福されましたが、内的基準においては不足です。反面、東洋は内的には祝福されましたが外的基準においては不足です。神様は、これほど公平な方です。（七五・七・二三）

＊

宗教を中心に精神面を重要視すれば、物質的な条件を退けてしまいます。東洋は精神文化を重要視して、すべての外的基準を拒絶してしまいました。それを西洋人たちが拾い集めました。アメリカをはじめとして西洋の多くの国が外的に素晴らしくなったのは、東洋のすべての物質的条件の援助を受けて西洋文明を発展させたからです。しかし、それが限界に来ています。そして東洋の精神文明も限界に直面しています。東洋はだんだん西洋文明、物質文明を要求するようになりました。西洋はまた、東洋文明、精神文明を要求するようになり、これらが交差する時点に立っています。まさしく授受作用をしているのです。（七五・七・二三）

＊

人間にとって一番難しく大変な道とは、どのような道でしょうか。天国へ行く道です。この道が一番難しいのです。この宇宙の中で人間に一番難しい道とは、どのような道でしょうか。天国へ行く道が一番難しいというのです。イエス様が天国へ行きましたか。楽園に行っています。天国へ行く待合室にいらっしゃるというのです。ですから、これがどれほど難しいのかというのです。それでは、神様は天国で住んでいらっしゃいますか。違うのです。それでは歴史始まって以来、天国で住む人が誰かいますか。神様が住めず、その息子が住めないのに、誰が天国に行って住めるのかというのです。天国へ行って住んだ人はいるのでしょうか。いないのです。ですから一番難しい道なのです。一番難しい道。(七二一―二五三)

2. 共生・共栄・共義の社会

神様が一番好きなものは愛の文化です。神様がお金や権力、知識などを必要としますか。いい家を設計して建てるためには、れんがも必要だし、ドアも必要だし、多くの材料が必要ですが、その中で一番重要なものは、その家を完成させる総合的な完成美を備えることです。人間に対して神様が願われる一番の願いは、お金が多いこと、学者になることではありません。聖書のみ言《ことば》どおり「心をつくし、精神をつくし、思いをつくして、主なるあなたの神を愛せよ」(マタイ二二・三七)と言われたので、それが第一の戒めです。第二は「自分を愛するようにあなたの隣り人を愛せよ」(同二二・三九)と言われました。驚くべきみ言です。(五四―四二)

＊

コリント人への第一の手紙第十三章の愛の章にも、「信仰と希望と愛」この三つが常にあるが、その中で一番は愛だと言いませんでしたか。人間はそれを知らなかったのです。愛……。あなたの心を尽くし、精神を尽くし、思いを尽くせというのはどういうことですか。生命を懸けて愛せよということです。皆さん、誰かをそのように完全に愛してみましたか。妻たる者が夫を完全に愛し、弟子なる者が師を完全に愛し、民たる者が国を完全に愛してみたのかというのです。誰も完全に愛せなかったので、モデルをつくらなければなりません。工場で鋳型を作って物を大量生産するように、その鋳型と同じような真《まこと》の人間のモデルをつくらなければなりません。そうすることによって、そのモデルに倣って真の人間が世界に広く広がっていくのです。（五四―四二）

*

時が来れば、一人で主張する時代はすべて過ぎ去ってしまいます。「私が一番だ」と言えない時代です。その時からは共同時代です。すなわち共生共栄共義主義世界だというのです。だから統一教会で共生だ、共栄だ、共義だということを主張するのです。その世界は、一人で成すのではありません。（二四―二九八）

*

共生共栄共義主義の世界は、人類が願ってきた理想天国の世界です。その世界は、絶対に一人では成すことができない世界です。ですからその世界は、一人だけでいる世界ではありません。

「私」と言えば必ず相対がいるのであり、また家庭があるのです。これは観念だけで終わるのではなく、実際の生活において作用しなければなりません。それが生活舞台において実際に表現することができる世界が、すなわち天国の世界です。(一四―三〇〇)

*

その世界は、どのような世界でしょうか。互いに嫉視《しっし》反目しながら、人がうまくいけばおなかが痛み、人が喜べば死にそうだという、そのような世界ではありません。一人の人が良くなるのは、全体を代表して良くなるのであり、一人の人がうれしいのは全体を代表してうれしいことなので、一人がうれしがれば全体がうれしがるのであり、一人が喜べば全体が一緒に喜ぶ所がその世界なのです。(二八―一〇二)

*

皆さん、左目と右目の歩調が合っていますか、合っていませんか。これは共栄です。すべてが一つの目的のために生きていくのです。全部このようになっているのです。鼻の穴も二つですが、一方の鼻の穴が詰まってもいいですか、良くないですか。同じように耳も一方が詰まってもいいですか、良くないですか。体が不自由でいいですか、良くないですか。足を切り、腕を切ってみてください。気分が悪いはずです。ですから相対的関係を備えたすべての存在物は、自ら天地を証明するのです。すなわち人間が自ら証明しているというのです。このように心は知っています。

「人心が天心」という言葉も、ここに関係しているというのです。(二四―二〇〇)

3. 言語も一つ

アメリカの豚も韓国の豚もみな同じように「ブー、ブー」と言い、すずめも「チュン、チュン」と鳴きますが、万物の霊長である人は、なぜこのような状態なのですか。豚の言葉でもなく、牛の言葉でもなく、数十カ国を回ってみても、行く先々で言葉が違います。御飯をもらって食べるのも大変です。口の利けない人の中で最重度の口の利けない人になるのです。このような結果を誰がつくりましたか。それは一言で言うと、堕落したからです。言葉も一つに統一できず、一つの種類の言葉も使えない人間が、どうして万物の霊長でしょうか。どれだけ悔しいことでしょうか。本当にあきれて物が言えないのです。(二〇―二二四)

＊

神様の絶対的な愛を中心に、絶対的な男女が合わさり、絶対的な文化を創建しなければなりません。絶対的な文化創建のために、何よりも統一された一つの言語と文字をもたなければならないので、韓国の言葉と文字を学ばなければならないと何度も強調してきたのです。文化創造と発

展は、言葉と文字によって伝達されるからです。(一三五—一六六)

＊

これからは言葉が問題です。先生が今、韓国語で話していますから相当、大変なのです。これから通訳がいなければどうするつもりですか。皆さんが私に習わなければなりませんか、私が皆さんから習わなければなりませんか。先生が話す韓国語を習えば、先生を通してもっと深い内容を学べ、もっと価値あるものをもてるのです。これが何よりも貴いので、そのようにしなければならないという結論が出るのです。(七四—二三)

＊

真《まこと》の父母の息子、娘は、その父母が使う言葉ができなければ口の利けない人です。口の利けない人だというのです。今後、そのような方向に世界は流れていくのです。この西欧社会にレバレンド・ムーンが来て今、かなりの波紋を起こしています。これは近世にない新しい宗教界の脅威であり、新しい問題だということを皆さんは知らなければなりません。今、事実そうなのです。これから原語の勉強には韓国語が入るであろうということを知っておくべきです。皆さんがどんなに英語になったものを読みながら「ははあ」と言っていても、韓国語の原本がこうだと言えば、すべて何度も書き換えるのです。ですから、変わらないものが価値があるのです。同じです。これからは原語を勉強しなければなりません。(七四—二四)

韓国の言葉と文字は、韓国で作られ、韓国で使われています。真の父母という言葉も、韓国語で初めて名前が付けられたのです。真の父母の愛を中心として、神様の真の父母の愛と、歴史始まって以来最初に接ぎ木されたのです。神様が愛を中心として言葉を話し始めた最初の出発が、真の父母を中心とした愛の基盤の上で、韓国語を通じる以外なかったというのです。それで「真の父母」という言葉の起源が絶対的なので、韓国語を学ばなければならない理由となるのです。またハングルは、韓国語を表記できる文字なので学ばなければなりません。神様が愛の言葉を語れる最初の場所が韓国だということも知らなければなりません。（南北統一―一九六〇）

＊

先生が「真の父母」という言葉を韓国語で初めて使い始めたので、「真の父母」という言葉の起源は韓国語となるのです。「真の父母」という言葉は、英語や中国語ではなく、韓国語です。それで韓国が、統一教会員にとって愛の祖国となるのです。韓国が愛の祖国なので、愛の祖国を求めなければならない私たちは、韓国語と文字を学ばなければならないのです。皆さんが韓国人の男性、女性と祝福を受けたいと思うのも、神様の話した初愛の言葉の起源が韓国語なので、その本郷の近くに行きたいという心の発露から始まったと言えるでしょう。（南北統一―一九六〇）

＊

韓国語には哲学が入っています。天地の理致と調和を備えた背景をもっています。発音法において、アメリカで言語学博士号を取った有名な人もいます。(八八・一・三)

＊

韓国語は、極めて高次元的な宗教言語です。表現が深く繊細です。それは、どの国もついていけません。ですから韓国人は頭がいいというのです。それは、正確で分析的な言語を通して全部キャッチして理解するので、その頭の構造が相当に次元が高い位置にあるということを知らなければなりません。韓国人が技能オリンピック大会でいつも一等になるではありませんか。多分、七年間そうだったはずです。(八八・一・三)

＊

統一世界に向かう私たちにおいては、統一語で先生の説教集の朗読を完遂しなければなりません。皆さんがこれを原語で読めなければどうしますか。原語でです。オリジナル言語、英語ではなく、ドイツ語でもないのです。ですからこれから皆さんは、説教に対しては心配する必要がありません。これは先生が一生の間に説教したものです。

皆さんが霊界に行って問答するとき、「私は見ることもできず、読むこともできなかった」と言うのですか。初めから英語に翻訳をさせないでしょう。ここに漢字を入れれば本当にいいのです。これを読まないで逝けば大変なのです。指導者がこれを読まなければ大変なことになるのです。後代に各自の家に先生が入っているでしょうか、み言《ことば》が入っているでしょうか。考えてみてください、どうですか。先生のみ言が入っているのです。(八八・一・三)

三　人類の中心思想は真《まこと》の愛主義

1．アダム主義は父母主義

本来、アダムは私たち人類の始祖であると同時に、家長にもなり、族長にもなり、民族長にもなり、その国の王にもなるというのです。この世界は本来、堕落していなかったならば何主義の世界ですか。アダム主義世界です。アダム主義とは何ですか。神主義です。このようになるはずだったのです。これが堕落することによって、ばらばらに引き裂かれたというのです。こうしてアダムが破壊させたものを再び……。穴がぼこぼこと開いているので、それを直さなければならないのです。堕落したので穴がぽかんと開いているのです。(一五五・一八四)

＊

アダムとエバが堕落しなかったならば、神様が何をしてあげようとしたことでしょうか。神様が祝福によって結婚式を挙げてくださり、神様が喜ばれる息子、娘を生むようになり、神様が喜ばれる家庭を編成して、これを繁殖させ、氏族と民族を編成するようにしようとしていました。これがさらに広がれば、その世界は何主義の世界ですか。神主義の世界であると同時に、アダム主義の世界です。その世界に理念があるとすればこれはアダム主義理念であり、そこに宇宙観があるとすればアダム主義宇宙観であり、天宙観があるとすればアダム主義天宙観であり、生活観があるとすればアダム主義生活観だというのです。そして五色人種が入り混ざって、そのようなものは問題ないというのです。それは環境によって異なったものなので、数多くの民族の皮膚の色が違うのは問題ないというのです。それでは、どうして数多くの民族の言語が異なるようになったのでしょうか。人類始祖が堕落することによって、天は分立させたというのです。(一五六―一九八)

＊

主義もアダム主義、言語もアダム言語、文化もアダム文化、伝統もアダムの伝統、生活方式もアダムの生活方式、制度もアダム制度、すべてのものがアダム国家の理念制度にならなければならなかったのです。このような主義が、神主義です。神様によって神様と一体とならなければならないので、神主義だと言うのです。(二〇―一一三)

＊

主権より人権の平等を論議しなければなりません。私たちが追求する主義は天宙主義であり、神主義です。私と神様が合わさった主義です。今日、民主主義は神様を離れた主義であり、共産主義は物質と人間だけを中心とした主義です。しかし天宙主義は、人間と神様を合わせた主義です。私たちはこの世界を、神様を中心とした主権の世界につくろうとするのです。（二三一―七二）

＊

私たちは、心の福地を成すことができる一つの中心を立て、心情の福地を成すことができる一つの中心を立てて、心情と心と体が通じることができる一つの基準を求めなければなりません。そうして体と心が一つになったのちには、世界を抱かなければなりません。ですから今日のこの時代には、世界主義よりも大きい天宙主義の理念が現れなければなりません。そうして人間がこの地で生活する上で、その神主義を中心として体と心が天の心情と通じることができる確固とした基準を立てなければ、私たちは幸せに暮らすことはできないのです。（八―七）

＊

人間は堕落することによって、その心と体がサタンの偽りの愛を受け継ぎ、自己第一主義による不協和を起こす個人になりました。このような人たちが集まった家庭、社会、国家、世界は立体的に増幅された葛藤《かっとう》と紛争を自体矛盾としてもち、相互不信と分裂、闘争をするようになるのです。サタンの願いである自己中心主義によって民主世界は個人第一主義化され、サタンと人類は滅亡に向かっているのです。これを救うために、神様の真《まこと》の愛を中心とした統一思想と神主義が必要なのです。(二〇九―一〇八)

＊

神主義は、自分のために尽くせという主義ではありません。「ため」に生きようとする投入主義です。「ため」に生きようとする主義です。悪魔は自分のために尽くせという主義ですが、神様は「ため」に生きようとする主義です。ですから投入して投入するほど、あの永遠の世界の所有権が増えるのです。共産世界では、投入するほど損をするので仕事をしません。しかし私たちの世界では誰が福を多く受けるのかといえば、自分の部落のために寝ることを惜しんで血と汗を流す人です。神様のように投入する人が、福を受けるようになるのです。(二〇九―二三五)

＊

神主義とは何主義でしょうか。真の愛主義です。真の愛主義とはどのように生きることでしょうか。投入してまた投入し、忘れるのです。このような国民になるならば、大韓民国がどのようになるでしょうか。考えてみてください。分かりましたか。(二〇一―七)

＊

父母主義とは何でしょうか。地上でアダムとエバが完成した真の父母主義です。その次に、神主義とは何でしょうか。真の父母は横的な父母なので、縦的な父母が必要だというのです。ですから縦的な父母主義が神主義です。ゆえに頭翼思想という言葉は真の父母主義であり、ゴッディズム（Godism：神主義）とは縦的な神主義です。このようになるのです。横的な真の父母と縦的な神主義の、縦横が一つになって、天の生命、地の生命、天の愛、地の愛、天の血統、地の血統が連結されて人間が生まれたので、人間は二重存在になっているというのです。内的な人と、外的な人になっています。内的な人は縦的な私であり、体的な人は横的な私だというのです。実となるのです。（二三四―二七五）

2. 父母主義は真の愛主義

神様が一番好まれるのは愛の文化です。神様にお金や権力、知識などが必要ですか。いい家を設計し、建てるためには、れんがも必要だし、ドアも必要だし、多くの材料が必要ですが、その中でも一番重要なものは、その家を完成させる総合的な完成美を備えることです。人間に対して神様が願われる最も大きな願いは、お金が多いこと、学者になることではありません。聖書のみ言《ことば》のとおり、思いを尽くし、心を尽くし、精神を尽くして主なるあなたの神を愛せよと言われましたが、それが第一の戒めです。第二は、あなたの体を愛するように隣り人を愛せよと言われま

した。驚くべきみ言《ことば》です。（五四―四二）

*

私たちが行くべき道は、本当に行きたい道であり、私たちが求めて成すべき国は、永遠に住みたい国です。私たちがもつべき財物は、天宙のものであると同時に、私のものであり、この時代のものであると同時に、過去のものであり、同時に未来のものだと保証することのできるものでなければなりません。私たちが泣くとき、天地が共に泣くことができ、私たちが喜ぶとき、天地が共に喜ぶことのできる権威と知識をもたなければなりません。これが今日、堕落した人間たちが現世で求めるべき最高の欲望であり、希望なのです。（一三―三一）

*

神様の理想国家の実現、すなわち祖国光復は、どこから実現されるでしょうか。怨讐《おんしゅう》を愛する思想をもった個人から出発するのです。ですから神様がいらっしゃる限り、愛によって国境を壊し、すべての環境と文化的な壁を越えて怨讐までも抱こうという運動を提示したキリスト教が世界的な宗教にならざるを得ないのです。豆を植えれば豆が出るし、小豆を植えれば小豆が出るし、赤い花の種からは赤い花が咲きます。同じように、仕返しをするサタン悪魔の種を蒔《ま》けば、仕返しをする悪の木が育ちますが、怨讐を愛する善の種を蒔けば、怨讐を愛する善の木が育つのです。これは自然の理致なのです。（一〇七―一八）

＊

その国は神様を中心として直系の子女たちが天命を奉じ、神様を身代わりした命令をもってその王権を治める、そのような国であるに違いありません。そこには民主主義や共産主義があり得ないというのです。一度形成されれば永遠の国家体制として残るのです。そのようなことを考えるとき、私自身がそのような国の民になれなかったという事実が怨痛《えんつう》なことではないかというのです。私自身がそのような国で住むことができないことを嘆息しなければなりません。そのような一つの不変の主権をもっていないことを私たちは嘆かなければなりません（七二―二九二）。

＊

レバレンド・ムーンを中心として統一思想によって共産主義と民主主義を消化させることができる神主義とは、どんな主義ですか。力を出す主義ですか。真《まこと》の愛主義です。その真の愛によってこの世の中を、これからどのように料理するのかというのです（一八―一八二）。

＊

大韓民国の民主主義は、何のための民主主義ですか。政党のための民主主義ではありません。大韓民国のための民主主義です。それでは大韓民国はどんな主義にならなければならないのでしょうか。大韓民国は世界のために生きる主義に帰らなければなりません。世界は神主義に帰らなければなりません。人間主義は信じられません。百年以内にすべて消えてしまいます。神主義であってこそ永遠無窮なのです。その伝統を受け継いで、真《まこと》の愛という論理の上にこれが連結されるので、個人も真の愛が必要であり、男性、女性も必要であり、夫婦も必要であり、息子、娘も必要であり、氏族も必要であり、民族も必要であり、国家も必要であり、世界も必要なのです。(一七七—九)

＊

神主義とは、いったいどんな主義でしょうか。愛の主義です。愛主義ですが、いったいどんな愛主義なのでしょうか。「ため」に尽くせという主義ではなく、「ため」に生きようとする主義なのです。これを知らなければなりません。(一六九—一二八)

＊

神主義とは何でしょうか。個人主義でもなく、家庭主義でもなく、氏族主義でもなく、民族主義でもなく、国家主義でもありません。天宙主義です、天宙主義。天宙主義の基盤をもったそのような霊界に、個人主義の囲いに入った人が行こうとしてみても、行くことができないのです。家庭を中心として「ああ、世の中がどうであろうが、うちの息子、娘、うちのお母さん、お父さんしかいない」と言うそのようなやからの圏内に入るならば、抜け出す道がないのです。永遠に抜け出すことができないでしょう。その壁を誰が壊さなければならないのでしょうか。その中で自分たちだけで自分の主張を立てて、家庭を中心として争い合うのです。争っているのです。(二一二—一七二)

＊

健康な人は、普通の人が消化できないものを消化します。ですから、誰でも健康な人が好きなのです。人が健康な精神をもった、精神が健康だというとき、何でも消化してしまいます。民主主義も消化し、共産主義も消化し、何でも消化するのです。

それでは統一教会は、どんな主義ですか。ユニフィケーショニズム（Unificationism：統一主義）です。ユニフィケーショニズムは簡単ですか。皆さん、見てください。私たちの四肢を見ても、この体には目があり、耳があり、鼻があり、手足があり、すべてあるのです。ここに一つの生命が連結され、統一されなければならないのです。そして、これが一つになるためには「ああ、私は目が嫌いだ。どこどこが嫌いだ」と言えばできるでしょうか。みんな「いい、いい」と言わなければならないのです。すべて消化しなければならないのです。(二一一―九六)

＊

神様をあがめ尊ぶ人は血を流さなければなりません。神様を愛そうとする人は涙を流さなければなりません。目から涙が乾いてはならないのです。そして、神様を求めていこうとする人は汗を流さなければならないのです。それで父母の心情をもって僕《しもべ》の体で人類のために、アベルの立場で犠牲と奉仕をし、もてる限りの精誠を尽くして与えようというのです。与えながら誇るのではなく、もっと良いものを与えたい気持ちをもって、恥ずかしさを感じながら与えようというのです。これが神主義です。(三八―二九六)

公的なものをどのように管理するのでしょうか。個人をどのように管理するのでしょうか。社会をどのように管理するのでしょうか。国家をどのように管理するのでしょうか。さらには世界をどのように管理するのでしょうか。このような公的な管理法を中心として、新しい愛、新しい世界主義を定立させていかなければなりません。その主義は、人間主義ではありません。統一教会の文《ムン》先生主義でもありません。そんな主義ならば滅んでしまうのです。神主義と一体になれるかなれないかという問題が、生死を決定する原因となるのです。(三一—一二七)

＊

今まで世界の数多くの民族、あるいは五色人種がつくった文化圏を全部打破して、一つの文化圏にしなければなりません。言い換えれば、神主義的な家庭制度、神主義的な社会制度、神主義的な国家制度、神主義的な内容を備えた理想社会が展開されなければなりません。そのような主義が、堕落していない完成したアダム主義です。共産主義でも民主主義でもないアダム主義です。それは神主義を求めていく過程です。主義というのは、ある目的を求めていく杖《つえ》のようなものです。主義自体が要求されるのではなく、目的を成就する上で必要な過程なので、この主義というのは変遷するのです。

今日、アメリカを民主主義の宗主国として先進国家と言いますが、将来お金によって腐敗し、民主主義が嫌いになる時が来るのです。大韓民国にも今、このような状況が起こっています。民主主義が良いことは良いのですが、今の私たちの国ではお金のためにもろもろの中傷謀略が起き、政権を奪い取ろうとする闘いが起こっています。それが民主主義ですか。それは、特権主義的な状態で起こる現象です。(二一一—一五七)

＊

今日の若者は、「ため」に生きる生活をすれば中心存在となり、責任者となり、保護する主人になるという事実を知りません。自分の生命までも投入して失っても喜ぶ真《まこと》の愛のみが、男性と女性を、父母と子女を統一させることができるのです。そして、ここに永遠なる神様の愛が臨在することによって、その家庭は、永遠無窮な永生的家庭になるのです。これが「頭翼思想」の核心なのです。永生はここにあるのです。(二三二—四二)

＊

利己主義を打破する新しい世界主義が出てこなければなりません。私より他人のために生きる利他主義は、ただ神様の理想からのみ出てくることができます。それは神様が愛の本体であられ、愛の本質は、自分を犠牲にして他人を生かす利他主義だからです。したがって、「神主義」の本質は愛です。その思想は、人の四肢を動かす頭とも言える中心思想です。それで「頭翼思想」なのです。(一六四—一九四)

＊

必勝目標、必勝する上で、どのように勝つのかが問題です。勝つには、神主義の頭翼思想で勝たなければなりません。これは純然とレバレンド・ムーンだけが……。左右を解決するための頭翼思想、神様と真《まこと》の父母を中心として、十字架で右側の強盗と左側の強盗が闘ったのが、世界的な実を結ぶ時代に、神様と父母が出てきて父母様の思想と神様の思想を中心としてこの二つの手足が……。闘ってはならないのです。これが、何をもって合わさるのでしょうか。知識でもなく、お金でもなく、権力でもなく、愛によって合わさらなければなりません。愛を中心として動き始めなければなりません。愛によって命令してこそ、すべてが喜んで動くのです。(一六九―一六八)

＊

唯一残るのは、絶対的な愛の理想をもった、万国の兄弟の心情圏を備えた神主義です。これのみが、この世界を統治するでしょう！ アーメン。(二三七―一三八)

四　民主世界と共産世界の未来

1．民主世界と共産世界を一つに

神主義とは何ですか。先祖主義です。第一先祖主義、その次には頭翼思想です。共産主義と民主主義が闘うのをやめさせる、父母主義のようなものです。父母主義です。頭翼思想とは何かと言えば、それは真の父母主義です。愛を中心とした父母を知るようになるときは、この手も闘っていたのがすべて解かれ、一つになるのです。座る位置、立つ位置、方位を備えて、誰も指導しなくても天理の大道を守って生きることができる人をつくれば、すべて終わるのではありませんか。人が問題です。お金はいくらでもあり、国はいくらでもあります。何が問題ですか。人なのです。（一九一―九）

＊

原理がなかったならば共産主義の克服はもちろん、代案提示も不可能だったというのです。それは、何をもってするのですか。神主義をもってするのです。神主義とは何ですか。真《まこと》の愛主義です。生命を投入しても、また投入しようとし、何度も投入しようとするのです。そうしてみると、宇宙を包括しても余りある、神様の愛があふれる宇宙になるのです。(一一三―五九)

*

現在、世界で起こっている最後の難しい問題とは何ですか。東西文化の分立の問題です。東洋と西洋をどのように一つにするかという問題です。それは人間の力ではできないのです。左翼と右翼が一つになるには左翼でもできないし、右翼でもできないのです。ここに頭翼が出てこなければなりません。それで頭翼思想の顕現を語っているのです。

人間が優れているというあの人本主義思想、唯物主義をもってもできません。物本主義思想と人本主義思想では駄目なのです。天意による本然の心情を中心とした、神本主義思想に帰らなければなりません。このような問題を提示して、東西に分立されたこのすべての文化背景を、どのように連結させるのかというのです。アメリカの国民が私に反対しましたが、私に従わざるを得ない段階に入りました。西洋社会も同じです。(一六八―七二)

*

人類の真の平和は右翼でもできないし、左翼でもできません。その理由は右翼も左翼もその根本的動機が利己主義を抜け出ていないからです。自分を中心として自国の利益を中心とするとき、

そこには永遠になくならない利害の相衝《そうしょう》があり、統一もあり得ず、平和もありません。(一六四―一八六)

＊

共産主義や民主主義は左右思想です。左右思想とは何かと言えば、カイン、アベルの兄弟思想ですが、東洋から出てくる新しい思想は、父母の思想だというのです。父母を中心とし、アジアを中心として左右が統一されなければならないというのです。これを頭翼思想と言うのです。それで両者に「これ、間違っているぞ」と言えば「そうです」と言い、「私の言うことを聞け」と言えば「はい」と言うのです。それですべて終わるのです。簡単なのです。「お前たちが主張することよりも、父母様が主張することがもっといいので、従わなければならない」と言うときは、「はい」と言うのです。(一六八―五一)

＊

私たちが共産主義の本質が無神論にあることを看破するとき、これを克服するイデオロギーが神様を認め、神様を中心とする理念でなければならないことは言うまでもありません。私たちはこのイデオロギーを「神主義」または「頭翼思想」と呼びます。絶対的な神様中心の世界観こそ、共産主義から人間を解放することのできる最も効果的な武器なのです。それは「神様がいらっしゃる」という真の真理のみが、「神様がいない」という偽りを一掃できるからです。(一六八―一三四)

＊

復帰の道は、それほど簡単ではないのです。今は左右の終末時代です。左右と共に死んでいったイエス様は、父母の恨《ハン》を残して逝きました。それで父母の思想をもって「頭翼思想」と神様を中心として、左翼の讒訴《ざんそ》圏を離れた立場で統一圏を論議し、反対に回れ右をして無限に進んでいける環境をつくらなければ天国ができません。そのような時です。そのような意味で、先生が「神主義」と「頭翼思想」を掲げて兄弟主義をなだめるようなことをするのです。(二六九―二一四)

＊

現在、統一教会で言う「統一思想」とは何ですか。「神主義」はあとです。「統一思想」とは何ですか。左翼と右翼が闘うのは、頭がないので闘うのではないですか。ですから頭があれば、「頭翼思想」、左翼思想、右翼思想、三つの思想が合わさって連合思想が出てくるのではありませんか。その連合思想の主体とは誰ですか。どんなに考えてみても、頭の上がすべての神経系統の中枢神経の根なので、そこを通過しなければ出ることができないのです。それでは、その根の中の根とは何ですか。それを知らないでいるのです。根の中の根は、神様です。神様から出てくる「頭翼思想」です。(一七二―三一)

＊

左翼、右翼がいつも双子のように一つの懐に抱かれてお互いに足でけったりしないで、乳を分かち合って飲みながら、取り替えてもいいと言える双子にならなければなりません。アダムとエバが、そのように神様の懐で愛することができる立場に立たなければ、天国は出てこないのです。

ですから、私がアメリカに行って怨讐《おんしゅう》を合わせ、怨讐の国で天の国の伝統基盤を立てて、天国の出帆を宣言したのです。聖書でいう怨讐は、個人ではありません。国です、国。(一七六―一二二)

＊

皆さんには、神様と真の父母以外にはいないというのです。そうでなければ、サタン世界に伝統的基盤を立てることはできないのです。これを立てずしては。サタンは、これ以下のものなので、それ以上上がれないのです。このような時が来るので、金日成《キムイルソン》も、ソ連も、アメリカも、長くないというのです。ただ文《ムン》総裁の思想だけが世界に、「頭翼思想」として残るのです。頭翼です。右側の右翼を中心として、左側の左翼を中心として、頭が治め得る水平線上に置いておいて一回りだけすればいいのです。左側が右になり、右側が左になる日には、すべてが終わるのです。(二七六―二七七)

＊

韓国はもちろん、全世界は今、価値観の没落によって大混乱に置かれるようになりました。私は、このような世界に向かって今まで世界的な碩学《せきがく》たちを対象に、愛を中心とした絶対価値を主張し、「頭翼思想」を宣布して、左翼・右翼の間違いを正し、新しい世界へと進んでいけるように指導してきました。そうして我が祖国、韓国の地から世界的な指導者たちを輩出して、統一の世界、平和の世界である地上の楽園を成就しなければなりません。我が祖国の統一はもちろん、東西の文化的な違いと南北の貧富の格差を「神主義」と「頭翼思想」によって解消し、愛を中心と

した人類大家族社会である平和の世界を建設していかなければいけません。（一九五―五二）

＊

南北が引き裂かれて南北の貧富の格差が開いたのを一つにしなければなりません。東西の文化を一つにしなければなりません。人種差別、文化の差別をなくして一つにしなければなりません。何によって一つになり得るのでしょうか。これが絶対的な一つの愛から出発できなかったので、この絶対的な愛によって宇宙版図の上にしっかりとしておけば、統一教会に反対する喚声がなくなるのです。そのようになるとき、世界はこの愛のふろしきに老若男女を問わず一つに包まれるだけでなく、霊界にいるすべての霊人もこのふろしきに包まれることを願うことでしょう。ですから頭翼思想を中心とした天宙統一という言葉が、妥当な言葉なのです。アーメン！（一九五―五四）

＊

社会主義、共産主義は絶対的な一つの国を指向しているのです。これから神様の理想を中心とした所有権復帰の時代が来るので、サタンは先に知って、共産主義を通じて世界的な神様の所有権をなくしてしまおうと計画したのです。それでサタンとしてはできることをみなやりました。先生は神様の側にすべてを復帰しました。それで理論的にも思想的にもみな手を挙げたのです。今は文《ムン》先生の前に、神様の前には反対するものが何もありません。（二二九―八三）

＊

今も所有権が問題になっているでしょう。共産主義、社会主義は国家が所有主になっています。民主主義は個人が所有主になっています。それを移行して誰の所有でしょうか。全世界の所有は神様のものであり、全世界はその子女たちのものであり、その子女は家庭のものなので、その移行する過程において、一箇所に集めなければなりません。そのような主人には、ただ神様がならなければなりません。神様が主人になり、神様の所有権をもつ主人となって、真《まこと》の父母に伝受され、真の父母によって子女に伝受されてこそ、その所有決定権は神様の世界のものになるのです。（一八三―九）

＊

自分の物、自分の息子、自分の夫婦自体が自分のものではありません。天使長の立場にいるので、絶対否定の立場、所有権を否定する時代を超えなければなりません。そのような時代に行くので、社会主義や共産主義というものは個人の所有がありません。国家の所有、社会の所有を言っているのです。大韓民国もそのようになるでしょう。お金をもうけてもみな取られるではありませんか。そうでしょう。そのような時代に入るのです。（二〇〇―三五七）

2. 宗教と哲学を収拾する頭翼思想

哲学において観が違い、物質が先だとすることによって共産主義が生じ、心が先だとした観から民主世界ができたのです。唯心史観と唯物史観が起こったのです。このようにして歴史が変わり、目的が変わったのですが、それが正しくないので全部壊してしまわなければなりません。心と体というのが主体と対象の関係になっていることを知らなかったのです。これを別々に切り離して考えたので、行く道がないのです。そのような意味で今、文《ムン》総裁が主張する神主義や頭翼思想というこのようなものが問題になるのです。主体自体が生じるとき、主体自体のためにできたのではなかったのです。（二〇一―七）

＊

頭翼思想とは何かと言えば、完成したアダム主義です。アダムが堕落することによって完成したアダムになれなかったので、アダムを育ててあげるためにサタン側の息子、神側の息子を育てていったのです。それで、左右が互いに主人になろうとして闘ったのです。そのような歴史です。頭翼思想は何を中心とした思想でしょうか。原理で見れば、間接主管圏と直接主管圏が統一されていません。アダムが責任分担を果たすことによって間接主管圏、直接主管圏が一つになる思想です。どこで一つになるのでしょうか。十段階を越えてです。(二〇一―一七)

＊

統一をどのようにするのですか。強制的に殴ってできますか。そのようにしては、絶対いけません。たたいては、一人も統一できません。どのようにしますか。「ため」に生きるのです。一番貴い愛と生命と血を投入するのです。それをする群れが統一教会です。統一教会とは何ですか。どのように統一するのですか。それでは、それはどんな主義ですか。それは「神主義」であり、真《まこと》の父母主義です。真の父母主義とは何かといえば、「頭翼思想」です。(二〇一―三五)

＊

今までの数多くの「主義」は、不変の方向を取ることができませんでした。アメリカはアメリカだけを中心として、ソ連はソ連だけを中心として、民主主義は民主主義だけを中心として、共産主義は共産主義だけを中心としてきたのです。宗教も、それと同じでした。それは、神様が願われる方向ではありません。一時も同じ方向を取ることができず、すべて東西南北にそれぞれ分かれました。今まではどんな組織、どんな責任者、どんな国家も、神様が願われる方向をつかむことができませんでした。ですからこれからは、個人、家庭、社会、国家、世界、宇宙、天宙などすべてのものは、永遠不変の方向性をつかまなければならないのです。そのようなものを代表した

のが頭翼思想、神主義だというのです。(二〇三・一・二五)

＊

今、東西問題を中心として見たとき、民主主義が勝ったと思わないでください。民主主義は何もありません。民主主義というのは政治形態の一つの解説方法です。思想的基礎は何もありません。今、思想の空白期に入ったのです。これから私たちの思想を教育しなければなりません。神主義、頭翼思想を掲げていかなければなりません。それをもって、制度化して引っ張っていく機関が必要なのです。統一教会をもってしては駄目なのです。(二〇三・一・二二)

＊

皆さんはここに何のために来たのでしょうか。世界のために来たのです。世界のために闘っているのです。すべてが世界のために投入し、また投入する人たちです。このような原則から見れば、理論的に神様の創造原則と一致するので、統一教会は後退しないのです。発展、発展、発展するのです。今は頭翼思想を中心としています。これは右翼と左翼のすべてを包容するのです。また、これは神主義を中心として霊界までも収拾することができるのです。霊界と地上界を収拾して、真《まこと》の愛による世界を出現させることが、神様の創造理想であり、原理にかなったことなのです。(二〇五・一・七)

＊

見てみなさい。民主世界は右翼を代表し、共産世界は左翼を代表します。これらは今崩れつつあります。アメリカも同じです。両世界ともセンターがありません。これから必要なものは統一思想と神主義だと、レバレンド・ムーンが宣布しました。いかなるヒューマニズムも神様の前に出ることはできません。神主義しかあり得ません。神様だけが絶対的であり、永遠のセンターです。頭翼思想だけが全人類のセンターになることができます。真の意味の霊界と肉界のセンターになるのが真の父母主義です。(一九五一・一・四二)

＊

聖書でも「終わりの日には自分の家の家族が怨讐《おんしゅう》だ」と言っています。終わりの日には家族が怨讐になるというのです。このような逆説的な論理がどうして設定されたのでしょうか。これは一度反対にならなければなりません。左右が一八〇度回ればどうなるかということです。大変なことになります。方向が変わるというのです。それで主体思想、頭翼思想が必要だというのです。それでは頭翼思想とは何でしょうか。神主義を求めていくことです。神主義を求めて何をするのでしょうか。平和主義として再度出発するのです。神主義は神様と出会って愛を中心として一つとなり、平和主義として再度出発することによって、この世界で本然的な地上天国の出発基地ができるというのです。そこで一生涯生きた人は間違いなく永遠の世界にそのまま入っていきます。手続きもせずにそのまま入っていきます。鑑定がありません。簡単でしょう。(一〇六・一一八)

聖人たちも、道端に立ち止まっています。自分が行くべき道を行くことができません。根本を知らないからです。しかし、統一教会の文総裁《ムン》は直行するのです。み前に直行して、み前で報告するのです。その道が真《まこと》の父母が提示した基準であることを知り、「頭翼思想」、「神主義」の思想に従って、花咲けというのです。これが心身一体理想です。アーメン(二〇六―一二六)。

＊

イエス様が死ぬことによって左翼と右翼が生じ、バラバ圏が生じました。願わない死でした。生きて統一すべきでしたが、死ぬことによって今まで個人、家庭、氏族、イスラエルが戦ってきたというのです。ですから、このようなすべてのことが統一されなければならないのです。「頭翼思想」を中心として、「神主義」を中心として、完全に統一されなければならないのです。バラバ圏の前にサタンが立っています。

それでイエス様が行こうとするとき、イスラエルの国の前に怨讐《おんしゅう》であるイスラーム（イスラム教圏）が生じたのです(三八―一〇二)。

五　神様を中心とした主権が復帰されれば

１．神様のみ旨が成就した世界

人間の力、人間の知恵、人間の文化、このどれをもってしても真の意味の平和の世界や、一つに統一された世界を願うことができない時点にあるということを私たちは知っています。このような立場で世界文化を解決する上で、一番中心となる問題は何でしょうか。神様がいるのか、いないのかという問題を、確実に解明することが何よりも重要な問題だと見るのです。もし、神様がいるということを全人類が知った日には、神様のみ旨がどのようなものを指向するのかを確実に知るようになるでしょうし、その指向するみ旨を知るときには、その世界はまさしく一つの世界であり、平和の世界であり、理想の世界でないはずがありません。(五六―一三二)

＊

大きいものを得るために小さいものを犠牲にすることは、正常なことです。より価値のあるものとすり替える人が、知恵のある人です。これが世界に行くための正当な道です。人間はより大きなものを憧憬《どうけい》するのであって、小さいものを憧憬しません。より大きいものを願うのであって、小さいものを願いません。(三五－二八〇)

＊

私たち統一教会が違うのは、これです。統一教会は父母を愛するように兄弟を愛し、兄弟を愛するように氏族を愛し、民族を愛し、国家を愛そうというのです。父母を捨ててでも国家を愛そうというのです。世界を愛するためには自分の国も捨てなければならないのです。また、天を愛するためには世界まで捨てようというのです。もっと遠く大きいもののために、私に近く小さいものを犠牲にする愛の道を求めていこうというのが、統一教会の主流思想です。(一〇〇－八〇)

＊

今日、民主世界が第三解放を要求するならば、共産世界では第二解放を要求するのではないでしょうか。このような問題を考えてみるとき、第二解放、第三解放の旗手になり、その源泉とし得る新しい主義と思想は、どこから来るのでしょうか。これは、人間世界からは出てくることができません。人間は今まで数千年の間、この解放を迎えるために身もだえして努力してきましたが、そのような環境も、内容ももつことができませんでした。それゆえ、人間だけを中心としては解放することができません。(一三一－一二五)

皆さんは民族主義者になりますか、世界主義者になりますか。宗教は世界主義だけではありません。人間だけを良くしようという主義ではなく、神様まで良くしようという主義です。しかし共産主義や民主主義は、人間だけを良くしようという主義です。それで神様まで良くしようという主義と、人間だけ良くしようという主義と、どちらの主義がいいですか。神様もいいし人間もいい主義がいいですか、主人を除いて僕《しもべ》たちだけで喜んでいる主義がいいですか。宗教は、それでいいものなのです。(四一―四四)

＊

最後に残る思想は何でしょうか。世界のために、自分の国や国民よりも世界をもっと愛することのできる運動、神様をもっと愛することのできる運動だけが、最後に残り得る主義になるでしょうし、思想になるでしょう。ですから、この国を越えることができる超民族的運動を世界的に提示し、超民族的に天が愛することのできる立場に、あるいは世界の人々が愛することができる立場に、自由に行けるようにするためにはどのようにすべきかを模索する主義だけが問題となるのです。(五三―二四)

＊

今後この世界を受け継ぐ主義、思想は、自分の国家を犠牲にしても世界を救おうとする主義、思想です。このような思想をもつ国、このような新しい運動を中心とした国家と国民が登場するようになるとき、この世の中には新しい希望の世界が顕現するでしょう。そこから新しい統一の世界、理想世界が顕現することでしょう。国を越えることができない国家観、歴史観は、神様の理想世界を引き継ぐことはできません。（五一—四四）

＊

一つの目的に帰一させることのできる思想は、自分を中心とする世界観ではありません。この思想は世界を中心とする世界観であり、万国を中心とする世界観です。これが、一つの目的に帰結させることができる思想です。これは、世界と分離された立場から自分の氏族を誇る思想ではなく、人間自体のために生きる思想です。人間ならば誰でも、このような思想によって成された世界を願っているというのです。（三六—一七五）

＊

黄色人種は長男であり、黒人は次男であり、白人は三男ですが、彼らが争うのを韓国が統一思想を通じて統一することができるというのです。このようになることによって、神様を中心とした理想的祖国創建ができるというのです。そこから初めて、平和の世界、一つの世界、統一の世界、勝利の世界へと、世界は収拾されていくというのです。そのようにして地上に天国を形成すると同時に、神様と一致しなければなりません。天上天国の主体であられる神様を地上にお迎えして、統一された一つの天国を形成しなければならないのです。これが統一信徒たちがやらなければならない使命であることを、はっきり知らなければなりません。このような基盤のもとで初めて父母と一つとなることによって、平和の天国生活が始まるのです。(七九―八四)

＊

統一教会とは、いったい何ですか。右翼を抱き左翼を抱いて、これらをつかんでどこに行くのでしょうか。ここから追い込まれて争う闘争の世界を越え、天が導く幸福の世界、ユートピアの世界に導くのです。これらを抱いて平面的に行ってはいけません。これが何のことかといえば、統一教会が、思想的に体制によって没落して失敗したことを全部収拾することのできる論理体系をもっていると同時に、これを抱いて横的に運行することができるのです。また同時に、宗教を中心として縦的な基準で運行し得る霊的な体験の基盤を中心として、超越的実体を追求しなければならない内容をもつべきなのです。

統一教会は、人間的な面での人本主義や物本主義、今までの過去のすべての神本主義も体系的に理論化させてこれを統合できる内容をもつと同時に、その内容は縦的な面で宗派を超越して連結していける、超自然的体験の宗教思想になるべきだという事実を知らなければなりません。(六一―一〇二)

＊

すべての物質主義者、共産主義者たちが見るとき、「統一教会の信者であるあの人は、私たち共産党よりも徹底していて、人格的に良心的に内外すべての面において徹底している。共産党自体があのような人を必要とする」と言うことができ、また世俗的な人本主義者たちが見るときにも、「ああ、私たちの世界にあのような人がいたらいい」と言うことができ、今までの既存宗団たちが見る時にも、「ああ！　統一教会の信者は私たちの宗団を越えた立派な人だ。あのような人が私たちの宗団の人だったらいいのに」と言うことができ、神様が御覧になれば「ああ！　この人は私に絶対必要だ」と言うことができる、この四大面において必要とされる資格を備えた人がいたならば、問題は解決されます。(一六一—一〇二)

2. その国を求めていかなければならない

皆さんが願うその国とはどのような国ですか。その国は今日、皆さんが生活しているこのような国ではありません。このような国は、どうせ別れを告げなければならない国です。皆さんがこのような国と因縁があるとすれば、罪悪の因縁があるというのです。皆さんは、その国のみ旨と神様のみ旨が結びつくことができる善の因縁を本来から結ぶことができなかった、堕落した人間の後孫として生まれたということを、自らがよく知っています（三八―一二八）。

*

国がなければ国籍がありません。国がなければ入籍し得る土台がないのです。私たちは民族編成をして、新しい入籍をしなければなりません。この地上に天の国を編成し、その国籍をもち、愛国愛族する、真《まこと》であり善なる父母の血統を受け継いだ勝利的息子、娘として、自分の血族あるいは家族を率いて生きたのちに逝ってこそ、天上世界の天国に入ることができるのです。これが原理です（五八―一四五）。

*

国があって初めて、千秋万代の私たちの後孫の前に、大切に残してあげることのできる伝統も残るのであり、私たちの血と汗を流したすべての努力も残るのであり、天の苦労を祝うことができる記念の塔がこの地上に生じるのであり、すべての栄光の痕跡《こんせき》がこの地上に残ることができるのであって、国がなくなるときには、すべて無駄になるというのです。今日の世界キリスト教において残された十字架だとかすべての文物も、天が求めようとする国がなくなるときには、全部を川に流さなければならず、燃やしてしまわなければなりません。サタンの籠絡《ろうらく》（注：まるめこむこと）に倒されていくということを知らなければなりません。それゆえに、国が問題だということを皆さんは知らなければなりません（五五―二三九）。

＊

真《まこと》の父母の愛を受け、神様の愛を受けなければなりません。ところが神様の愛は、国がなくては受けられないのです。本来のアダムは、一人でも国の始まりです。サタン世界のサタンの国より優れた国があってこそ、神様の愛を受けるのです。私たちは神様の愛を受けますが、代わりに受けるのであって、直接受ける立場になっていないのです。真の父母の愛は受けることができますが、神様の愛を受けようとするなら国までもたなければなりません。国です。なぜでしょうか。サタンが残っていて、サタンの国が残っているからです。それよりも上がっていかなければならないでしょう。そのような道を、皆さんが行かなければならないということをはっきり知らなければならないのです。(九〇―一―一六)

＊

先生は復帰摂理を歩んでいます。この世の政治と経済、文化世界を基盤として神様の摂理を解いたということは歴史上にないことです。今、世界の学者たちの中で韓国語を勉強する人が増えています。レバレンド・ムーンのみ言《ことば》選集を原語で読むためです。それは通訳、翻訳すれば権威がないのです。皆さんは、これを読むことができなければいけません。皆さんが、この原語で書かれた先生のみ言集を一度読んでみなければならないのではありませんか。(一六一―一八九)

＊

私たちが求めなければならない祖国というものは、今日この地上にある、そのような歴史と伝統をもつ国ではありません。そのような国とは、本質的に次元が違うのです。私たちが次元の違うその国を受け継ごうとするならば、そのようにできる思想的な主体性をもった国民にならなければなりません。しかし、その主体的な思想は、絶対的な創造主の思想と一致された思想でなければならないのです。絶対者が願う国が存在するには、その国の主権を中心として、その国の国民が一致することのできる国になることを願わなければならないのです。そのような国民性をもち、国家形態をもたなければならないのです。(四九―九三)

＊

本然の地とは、どんなところでしょうか。悪が宿るところではありません。悪と絶縁して、あふれ流れる本然の愛を中心として、永遠無窮に幸福を謳歌《おうか》しつつ生きる、永遠の統一世界です。ところで、そのような所で生活した人がいたでしょうか。一人もいませんでした。歴史上、数多くの人々がそのような世界を追求しましたが、そのような世界は、この地上に建てられませんでした。その世界が、どんな世界だということを語った人はたくさんいましたが、自ら実践して、そのような世界を成した人はいなかったというのです。(一八―一〇二)

＊

一つの国が形成されるためには、主権がなければならず、国民がいなければならず、国土がなければなりません。天の国も、やはり同じです。主権を代表するのが父母であり、国民を代表するのが息子、娘であり、国土を代表するのが国だというのです。この中で、どの一つも除くことはできないのです。これは鉄則です。(三五一―二七九)

＊

国が形成されるためには、国土がなければならず、国民がいなければならず、主権がなければなりません。主権とは何でしょうか。根源的な神様と因縁を結ぶことです。国を治める人々は、国民が深く寝入ったあとに神様と因縁を結んで政治をしなければなりません。そうして、主権者は国民と一つとならなければなりません。国民と一つとなって、自分にあるすべてのものは自分のためのものではなく、国のためのものであると考えなければなりません。そのようになれば、その国は繁栄するのです。(三〇一―八八)

＊

一つの国を見れば、国が形成されるためには、その国の主権がなければならないのです。国民がいなければならないのです。国土がなければならないのです。そのような観点から地上に天国を実現するという問題を考えてみるとき、天国の主人とは誰でしょうか。主権者とは誰でしょうか。間違いなく神様が主権者です。そして国民とは誰でしょうか。国民は万民です。それでは国土とはどこでしょうか。地球星です。(九六―一一五)

どんなに大きい社会、どんなに大きい国家だとしても、人に似なければなりません。これは、神様が御自身の形状に似ているものを好まれるからです。それでは、人が一番好きなものとは何でしょうか。自分の形状に似たものです。それゆえ、理想的な国家は人に似なければならないのです。似ていますか、似ていませんか。天地人に似ているというのです。(二七―一八五)

＊

私が行き来するのもその国を取り戻すための、祖国光復のための、建国の功臣になるためです。そのような使命を担って、あるいは天の密使として指令を受け、今日、悪い世の中に来てこのようなことをしているという事実を考えながら、生きていかなければなりません。そうでなければ皆さんは今後、やがて到来する国の国民として、その威信と体面を立てることができないということを知らなければなりません。(五〇―二五五)

＊

さあ、六千年の間、神様に打撃を与えてきたサタンがただ素直に「ああ、私は下降した」と視線を落として帰るでしょうか。皆さんはぞうきんのような物も捨てようとすれば、もったいないと思うでしょう。ぞうきんの切れ端でもひっくり返してにおいをかいでみて捨てるでしょう。サタンがただで引き下がるはずはありません。それで執拗《しつよう》に闘いを挑んでくるというのです。ですから中心に合わせなければなりません。統一教会の文《ムン》先生も中心からずれてしまうときは、折れていくのです。方向が合っていなければ発展しません。(五七―二七六)

＊

統一教会員たちは裸足で立ち上がって、祖国を創建しなければなりません。食べ残しをもってこの国を生かすことができるのでしょうか。いつ食べて、着て、乗り回ることに気を遣っていられるでしょうか。裸足で、素手で開拓していこう、このようにするところが統一教会です。(一四―二〇一)

第四章　成約人への道

一　真《まこと》の御父母様の勝利圏確定

1．八定式――長子権、父母権、王権復帰

（一九八九年八月三十一日〈陰暦八月一日〉アラスカ、コディアック）

縦的な蕩減《とうげん》、横的な蕩減、八段階の蕩減がすべて終わったので、一九八九年八月三十一日を中心として八定式というものを、西洋社会で最も高いアラスカに行ってしたのです。最も高い所です。そして九月一日に天父主義を発表しました。天父主義です。愛援主義であると同時に父母主義です。父母主義とは、愛そうということです。愛することにおいて、サタンは反対することができません。統一教会が行く道の前にサタンが反対しなければ、あっという間に世界的なものとして展開されるのです。（九〇・二・一六　韓国・中央修練院）

＊

個人蕩減、家庭蕩減、氏族蕩減、民族蕩減、国家蕩減、世界蕩減、天宙蕩減、神様の心情的蕩

滅まで八段階があります。それは個人復帰、家庭復帰、氏族復帰、民族復帰、国家復帰、世界復帰、天宙復帰、神様までの八段階です。これは、縦的な蕩減路程、横的な蕩減路程を、愛を中心として上下にすべて無事通過することができるのです。このように連結されれば、その球自体は愛圏の所有物となるのです。そうなれば、この地球星ではサタンが所有権をもつことができないので、サタンは自動的に追放されるのです。おしまいなのです。（一九九―一八八）

＊

一九八九年は新しい時代の一月、二月、三月、四月、五月、六月、七月、八月の末です。八月末ですね。八カ月間で世界的な蕩減路程を終えました。それで昨年の結婚式、交叉《こうさ》結婚式、「世界統一国開天日」の宣布など、様々なことをしました。総合蕩減条件を樹立したのです。すべてをそのようにして、八月に終えました。海上、水上にまで連結したのです。先生はここまでやってきました。（一九三―一〇〇）

＊

「八定式」とは、縦的な蕩減歴史的路程、横的な個人、家庭、民族、国家、世界蕩減路程、八段階の縦横の路程を経て定着するので、長子権復帰が成され、地上世界の人間の前には蕩減の路程が解消されるのです。八定式をすることによって、そうなるのです。長子権が復帰され、父母様の懐に抱かれることによって、父母の愛圏内で長子権を復帰するための歴史時代における戦争史、闘争史は消え去り、愛によって和合することができ、蕩減《とうげん》の必要がない時代となったのです。そのためには八定式をしなければならないのです。八定式をすることによって、その息子、娘、長子と次子を前にした父母の立場で、そのような子女を許してやったので、その次には父母の許しの圏時代が来るのです。(一九三─一三〇)

＊

今の民主主義時代は、兄弟主義です。原理で言えば、カイン・アベルを中心としたのと同じことです。原理がぴったりと当てはまっているのです。カインは、あとで神様にすべてを奪われます。既に頭も奪われ、体もすべて奪われました。もう行く道がないので、労働者と農民を中心として、民主世界を侵食しようとするのです。それがいけないのです。秋になって実がなっても、そのまま腐ってしまいます。下がるのでなくなります。兄弟圏復帰です。その兄弟主義とは、真のアダムを探し求めることです。それをするのにこれほど長くかかりました。(一〇五─一七八)

＊

戦争史でつづられてきたこの民主主義の末路は、いかにすれば終わるのでしょうか。父母が来なければなりません。父母主義が現れなければなりません。ですから統一教会は、この世の救援摂理時代は過ぎ、愛援摂理時代となっていくという、多くの宗教は知らずにいることを宣布したのです。既成教会の牧師たちは、愛援摂理時代とは何で、天父主義時代とは何なのか、全く知ら

ないのです。八定式とは何なのかも知らず……。(一九四―一九九)

＊

天父主義を中心として、民主世界と共産世界を消化することによって、王権樹立時代となっていくのです。これをはっきりと知らなければなりません。(一九二―一八九)

2. 天父主義によって父母権、王権へと越えていく

天父主義というのは何をもってそう言うのかというと、家庭です。それゆえ、神様がこのみ旨を成すときを中心として、サタン世界や民主世界の最も大きな問題は家庭の破綻《はたん》の問題です。共産世界は家庭というものを認めません。家庭は搾取の基盤になっていると言うのです。神様との関係が結ばれていないのです。

民主世界も同じです。ですから実際のところ、家庭形成におけるすべてが傾いているのです。社会基盤であり、国家基盤であり、世界の基盤であるにもかかわらず、これが今まで乱れていたのです。ですから今後、私たちの家庭基盤を中心として、右翼世界と左翼世界は自然と吸収されるのです。(八九・一〇・一七　漢南洞公館)

これからは家庭絶対主義時代です。家庭を抜きにしては、天父主義というのは成り立ちません。主義というのは一つの過程的なものです。橋を渡るようなものです。統一国というのは、家庭を中心としてできるものです。それゆえ、家庭を絶対視しなければなりません。家庭において絶対的な神様のような父母に侍ることによって、絶対的神様の二性性相、性相と形状が絶対的に分立しないように、永遠に共にあったのと同じことです。次には子女が、アダムとエバが堕落することなく完全に一つになったのと同じことです。（八九・一〇・一七　漢南洞公館）

＊

天父主義とは、家庭を中心とした王権を回復して連結することによって、王権が復帰されることです。天宙的王権が復帰されるのです。ですから、家庭がなければならないのです。家庭が中心なのです。統一的家庭基盤を通し、アダム的統一家庭、氏族的アダムの統一家庭、それなのです。アダムの氏族があったはずです。民族的アダムの家庭を中心として統一して、それがずっと連結されなければならないのです。そうしてこそ、統一的家庭基盤を通して王権が復帰されるのです。（八九・一〇・一七　漢南洞公館）

＊

天父主義を宣布することによって、これからは統一王権主義時代とならなければならないのです。神様が王にならなければなりません。私たちは神様を中心とした一つの主権を誇るのです。イエス様が願い、神様が願われた統一王国をつくって、天上世界と地上世界の地獄を撤廃し、神様が直接統治することのできる愛万能圏時代になるのです。

愛の伝統に従って、垂直的愛とは何であり、縦的な愛を中心としてどのように連合するのかということをはっきりと知って生活舞台に適応することによって、万国万象世界、天上世界のどこにおいても、それが拒否され得る圏を越えることによって、自然に解放の時代となるのです。統一の時代となるのです。

＊

本来アダムが完成すれば、天国の父が完成し、エバが完成すれば、天国の母が完成します。ですから、家庭の主人となれば、家庭的天国の王権ができるのです。それゆえ、アダムとエバは個人的王であり、家庭的王であり、氏族的王であり、民族的王であり、国家的王であり、世界的王となるのです。今やそのような国家基準を越えることのできる時になったので、サタン世界の王権を踏んで、天の世界の王権を定めることができるのです。その日が、一九九〇年三月二十七日というわけです。それゆえ、世界は今や、レバレンド・ムーンがブームを起こすとおりに動くようになっているのです。（九〇・三・二七　ベルベディア修練所）

＊

お父様、一九八〇年代を中心として、救援摂理の路程を愛援摂理の路程へと転換し、兄弟圏怨恨《えんこん》の蕩減《とうげん》路程を立てて兄弟解怨《かいおん》時代を迎えるようになり、その上に父母解怨時代を迎えることのできる歴史的起源を整えました。八定式を中心とした天父時代を発表し、理想的摂理時代を越えて、天と地を中心としたすべての復帰摂理の恨《ハン》の峠を清算し、今後、一九九〇年代には統一家を中心としてすべてが、お父様、摂理圏内の統一世界へと入っていくべき、歴史的で、厳粛な課題を控えております。

興進君《フンヂン》が天上世界へ行くことによって、イエス様と一つとなり、キリスト教のすべての聖賢、賢哲を今後糾合し、今や南北統一を中心とした、その限界線を越えることのできる時となりました。天父主義時代を発表いたしました。愛援摂理時代を発表いたしました。今や、死亡世界のすべての峠を越える分水嶺を過ぎましたので、天の圏に接することのできるこの時代を迎え、統一家のすべての氏族が結ばれる基盤を通して、霊界が平面図上で交流することができ、交差することのできる摂理史を迎えるとき、全権的に霊界を中心とした新時代がやってくるということを知っております。

ですから、興進君はより一層、この時代において天の法度を立て、地上の法度を立てることにおいて、先君先女（歴代の王、王女）たちと、百二十の国家の王権を代表することのできる、そのような君王と忠臣を集めて、天の前に忠孝の道理を誓うことのできる教育をし、精誠を尽くすことができますよう、天よ、共にあってください。アーメン。

二　摂理的総決算と真《まこと》の御父母様の大宣布

1．真の父母（メシヤ）宣布（一九九〇年四月三十日〈陰暦四月六日〉、韓国）

真の父母をなぜ宣布できるのでしょうか。民主世界と共産世界はカイン、アベルの兄弟です。民主世界と共産世界が二人の息子と同じなのに争っているのです。ところが、私が二人の息子が争っていたのを和解させて歓迎され得る立場に立ったので、初めて父母の特権をもって韓国の地へ来て、真の父母宣布を挙国的にやったのです。

＊

すべてのことを信じることのできない世の中であり、見通しのない世の中であり、絶望的な世の中ですが、一つの希望が芽を出しました。それが何かというと、真の父母です。それを韓国の地に宣布したのです。一九九〇年四月九日、世界言論人大会をモスクワで開くことによって、民主主義と共産主義の両体制を勝利圏へと導き、その基台の上で韓国に帰ってきて、韓国を起点として全世界に宣布したのです。

＊

聖書の目的はただ一つ、真《まこと》の父母を探し出すことです。それが最も希望に満ちた福音です。サタンも被造物なので、真の父母が現れれば、いなくなるのです。そのような時が近づいたので、共産党が崩れ、北朝鮮も今、崩れようとしているのです。四方を見ても道はありません。先生は、よく知っています。

そこに天国が実を結び、天上地獄と地上地獄が解放されるのです。私たちの目的は、神様と人類、そしてサタン圏の中にあるすべてのものを解放し、救うことです。それが私たちの目的です。私たちは、そのような父母の心情を宣布するのです。前進するのです。そこにサタンが存在することはできません。それが原理観です。(二〇一・三五四)

＊

共産主義は、僕《しもべ》と主人の主人主義です。自由がないのです。民主主義は、兄弟主義です。兄弟主義なので自由なのです。自分たちの間では自由があります。ですから争いの連続になります。互いに、「自分のほうが優れている」と言って闘うのです。そこで、「ヘッドウィング」とは何かと言えば、父母主義です。上院議員と下院議員が争い、共和党と民主党が争いますね。父母がいないからなのです。父母さえいて、「こら、どうしてけんかするのか。お前たちは僕ではない。私の息子なのだ」と言えば、すべて終わるのです。黒人と白人の間における人種主義も同じことです。(二〇一・二五七)

＊

共産世界はどうでしょうか。先生はゴルバチョフに、レーニンの銅像と、マルクスの銅像をも撤去するように言いました。共産党の歴史上、そのようなことを言った人物は、レバレンド・ムーンしかいません。ソ連の共産党幹部たちはみな「我々の前で神主義を語るとは、なんと傲慢なことだろう」と騒ぎました。

彼らがいくら先生が憎いといっても、共産世界は今、そのようになったのです。彼らが世界で最も恐れていた存在が、彼らにとって唯一の希望の存在となりました。ほかに希望はありません。ですから「私の言うことに従いなさい。さもなければ道はない」と先生ははっきりと教えてあげました。(二〇一・三一八)

＊

今後、地上はどうなるのでしょうか。第一、第二、第三イスラエル圏を通して動いてきたことすべては、真の父母の名を発表してしまえば、その領域はすべてエデンの園のようになって、宗教圏の歴史はすべてなくなるので、天使世界にいる霊は、いつでもここに来ることができるのです。それゆえ、いつでも再臨することができるのです。それはどういうことかというと、原理結果主管圏です。天と地は、僕《しもべ》がついているのですべて霊界と同じです。真の父母を宣布することによって、このような基準が再び連結され、サタンはいなくなるのです。

それゆえ、自由にここに来ることができるのです。これが横で、これが縦で、この角度は九〇度です。九〇度の角度というのは、サタン世界の領域ではないのです。角度が異なるものとなったがゆえに、堕落世界が生じたのです。九〇度であってこそ神様が主管できるのです。そこにサタンはいません。解放です。霊界が解放され、地上が解放され、被造物もすべて解放されます。そこには蕩減《とうげん》路程もありません。(二〇二―一三五)

＊

真《まこと》の御父母様の宣言を発表することによって、サタンの権限がなくなり、宗教を中心として闘争してきた蕩減法もすべてなくなり、善なる霊が天使世界に匹敵するので、堕落のない世の中となり、思いのままに地上に協助することができるのです。その天使たちが皆さんの先祖です。ですから、今から統一教会に反対しようものなら、ありとあらゆることが起こるのです。(二〇二―二五七)

＊

今日、メシヤに関する事実を宣布するのです。皆さんの両親と、皆さんすべてが解放され得る道を開いて王権を発表し、真の父母を宣布するのです。真の父母とは何かというと、個人的王権が真の父母であり、家庭的王権が真の父母です。すべてがそのようになるのです。王権であると

同時に真の父母です。ですから、全世界に真の父母を宣布するのです。真の父母は真の愛を中心とするのです。(二〇一・二五七)

＊

皆さんは大胆にならなければなりません。それはどういうことかというと、主体的所有権を持たなければならないということです。いくら困難な環境に置かれたとしても、問題になりません。「このようなものは神様も願われない。私の前から消え去れ！」と言えばなくなるのです。すぐに下りていくのです。

霊界も同じです。「私はこんなものはいらない」と言えばすぐになくなります。周囲のすべてにそのような力があります。愛の中心が現れれば、すべてはそちらの方に向かって帰っていくのです。東から朝日が昇れば、植物の中心はすべて、その太陽の方を向きますね。それが生命のエッセンス、愛のエッセンスです。(二〇一・二五七)

＊

これからは闘わなくても自動的に連結されます。すべての道が開かれます。皆さんが所有権をもって師となり、真の父母となることができます。それは皆さんの使命です。どれだけ懸命に活動するかにかかっています。理論的であり、明白な結論です。これからは皆さんがはっきりと知って、「私は真の御父母様が宣布するすべてのことを完全に相続して、世の中のすべてを解放しよう!」と言わなければなりません。皆さんもそうなりたいですか。だとすれば神様の前に誓いましょう。両手を挙げて、このようにきれいに振ってみてください。さざ波のようですね。(二〇一一・一・三〇)

2. 神様祝福永遠宣布式(七・一節)(一九九一年七月一日、ソウル、漢南洞公館《ハンナムドン》)

愛するお父様! きょうは一九九一年七月一日、摂理史的転換時期において、最後の峠の位置を占める年であることを知っております。一月から六月まで複雑多端なる環境を越えて、新たに七月を迎えました。一九九一年の半分を送り、新たに迎える後半期は、お父様の摂理史において、頂上を越え、新しい希望の一峠を越えて、天国の自由と平和の世界へと進入することのできる分水嶺の期間であることを知っております。

今や韓国という祖国の地を中心として、南北が分かれているという怨恨《えんこん》、東西の紛糾によって歴史的な恨《ハン》を残した戦いの苦痛もすべて、真《まこと》の父母を中心としてみな解消されました。偽りの父母によって植えられたすべてのことが、真の父母によって勝利的収穫を収め、共産世界と自由世界、北韓と南韓が一つとなることのできる時代が訪れました。

お父様! きょうを期して、神様祝福永遠宣布式をすることにより、摂理史を代表してきたすべてのこと、天が立ててきたすべての条件を清算し、勝利と解放と栄光の日を自ら祝うに至ったことを感謝申し上げます。氏族的メシヤの使命を果たさなければ、その家庭とその国を連結させることができないという摂理史の全体的み旨を思うとき、既に氏族的メシヤを宣布することのできる日となりました。この時間、真の父母の一族を宣布することのできるこの日を迎えさせてくださったことに感謝いたします。

今日まですべての路程を天が保護してくださり、今一九九一年七月一日を起点として、恨多き歴史的蕩滅《とうげん》路程を清算しました。新たに創造主なる神様と、本然の父母となり得る横的な真の父母に侍り、左右が一つとなり、南北韓と、あらゆる宗教圏と政治圏が一つとなって父母権の王権を受け継いで本性の世界の解放圏を求めるためのあらゆる宣言が必要だということを私たちは知っております。

のみならず、本性の真の愛を中心として、個人的な中心であり、家庭、氏族、民族、国家全体の中心である真の愛の道理に従わなければなりません。そして、絶対的な一つの方向による絶対的な目的の帰結である本然の天国は、地上を代表して地上で生活した家庭の基台とならなければならないということを知っております。したがって、統班《トンパン》撃破という厳粛な使命的課題を前にして、前進命令を天から受けました。

決定的この峠に向かって七月一日から自分の家庭と自分の一族を収拾するために総進軍すべき

世界史的時代が訪れるということを知らなければなりません。そして七月一日を中心として全世界的に氏族的メシヤ宣言を申請することのできる日として定めました。それを申請した私たちはすべて、前後左右を見渡すことなく、天の眷属《けんぞく》の因縁に従って、アダムとエバが失った長子権復帰、父母権復帰、王権復帰の基準を、家庭において鉄の軸を打ち込んですべてのサタン、誰にも動かすことのできない勝利の覇権を確立すべき祝福家庭の使命を忘れることのないようにしてくださいますことを、切にお願い申し上げます。

天の前には自由世界、共産世界、南北というものはあり得ませんし、サタンという存在もあり得ません。

すべての悪の業を清算し、歴史とともにこれを埋葬して、勝利と解放の天国が地上に到来することを、真《まこと》の父母のみ名により地上世界と天上世界に宣布いたしますので、万世にわたって永く盾として、主導してくださいますことを、きょう七月一日、この時間、真の父母のみ名により宣布いたします。アーメン。真の父母のみ名によって宣布いたします。アーメン。真の父母のみ名によって宣布いたします。アーメン。アーメン。アーメン。

＊

きょう七・一式を終えることによって、父母様が思いどおりにすることのできる時が来たのです。今までは自分の思いどおりにすることはできなかったのです。思いどおりにできたとするならば、どうして先生が苦労したでしょうか。どうしてこの世を相手にあのようなことをしてきたのでしょうか。

物事にはすべて時というものがあります。時に対する責任を果たせなければ、顔を上げて歩くことはできません。真の父はサタン圏に打ち勝たなければなりません。これからは、真の父母の名をもって個人的、家庭的、氏族的、民族、国家、世界的な迫害に打ち勝つことができなければなりません。自由世界が統一教会とレバレンド・ムーンに反対し、共産世界が反対しましたが、既に自由世界のワシントンでソ連の指導者層を教育することによって、彼らに対して完璧《かんぺき》な勝利を収めたのです。

＊

上に上ることができるのは、真の父母と天の権勢しかありません。ですから越権を行使する力がなくなったということです。無理やりに力を出したところで崩れるのです。国がそのようになれば、南北もすべてそうなるのです。南北韓の特定の権力者が自分の思いどおりにすることはできないのです。今までは偽りの父母が処理してきたので、真の父母がこのように結んで宣布しておかなければならないのです。それを宣布するのがきょう、この日なのです。

3. 蕩滅《とうげん》解消宣布式（一九九六年十一月一日、ウルグアイ）

世界平和家庭連合を中心として、家庭を収拾するのです。家庭的版図で失敗し、国家的版図で失敗したことを、来られる再臨主は、世界的版図で収拾するのです。アダム家庭で失ったものを世界的版図において結んでいって世界的祝福として連結し、アダム家庭の立場に立てて世界的国家を形成し、王権統一時代、地上天上時代へと、いかにして越えていくのでしょうか。

今、大転換時代になったことを知らなければなりません。ですから先生、御父母様を中心としてカイン・アベル、世界的民主世界とキリスト教文化圏を中心として、統一教会の家庭運勢に反対するのを完全に越えたがゆえに、勝利的覇権をもって家庭を中心として世界平和家庭連合の定着と同時に、蕩滅解消、そのような環境を父母様の名によって宣布するのです。

＊

堕落はフリーセックスによるものなので、それは絶対セックス、絶対父母を中心とした絶対セックスを中心として越えるのです。血統転換は、絶対セックスによってなされるのであり、フリーセックスや中間セックスによって血統転換されることはありません。血統転換をしなければならないのです。

先生が世界平和家庭連合で発表したことは、それが越えることのできる権利を立てることです。ですからこれからは、御父母様が世界的版図で勝利したすべてのことを、お母様に代わって、祝福家庭がお母様を中心としてカインとアベルが完全に一つとならなければなりません。お母様と一つにならなければならないのです。

＊

世界のフリーセックス、ホモといった青少年倫理の堕落によって、家庭を収拾することのできない世界を、真《まこと》の父母の思想を中心として初めて、それを反対にして家庭形成、国家形成、すべて地上天上天国形成するようになるのです。それは、平面上で復帰されていくのではありません。家庭版図を中心として個人、家庭が絶対にお母様お父様を中心としてカイン、アベルが一つとなり、母が一つにならなければなりません。

母が一つとなることによって、母を中心として民主世界と共産世界、キリスト教ではカトリック（旧教）とプロテスタントが一つとなり、天地が一つとなって、その基盤の上で母を中心としてすべてを蕩減してきました。それゆえ、世界平和家庭連合定着と蕩減解消を宣布することができるのです。

＊

神様が創造するとき、神様御自身が絶対信仰、絶対愛、絶対服従する立場にあるのですが、その相対的家庭を築くことができなかったので、すべてが地獄に落ちたのです。真《まこと》の父母の勝利権で一つとなったすべての基盤において、絶対信仰、絶対愛、絶対服従によって、アダム家庭で失ったものを世界的に越えていくことにより、統一教会は真の父母を中心として絶対信仰、絶対愛、絶対服従しなければならないのです。真の父母は神様の前に絶対信仰、絶対愛、絶対服従の伝統を受け継いできたので、それを伝授してもらわなければなりません。分かりましたか。天の祝福が共にあることでしょう。(九六・一一・三　敬拝式)

4. 天地父母天宙安息圏宣布(七・八節)(一九九七年八月九日〈陰暦七月七日〉、ソウル)

一九九七年七月七日七時七分七秒を中心として、三百六十万双家庭祝福を中心としたこの日「三百六十万双祝福完成は真の御父母様を誇り愛すること」という標語の今年、すべてのことを成就しました。お父様、いかばかりの恨《ハン》を抱いてこられたことでありましょうか。

お父様……、東洋、西洋の文化全体を失い、南北の統一世界を中心として万国の中心国家であるべき祖国の地を失い、祝福を完成してお父様の一族が天の一族となるべきすべてのもの、血族、子女が二分されなければならない立場に立ったがゆえに、再び共産と民主を中心として二分された闘いを経て、四十年期間を再び復帰の道を歩むしかなかった歴史的な事実を、統一の群れは知っております。

この四十年期間は、摂理史の四千年に代わる期間であるがゆえに、キリスト教とキリスト教信仰国、また、宗教と宗教信仰を中心とした人々に加えられてきたサタン世界の主権国家の行使、今日の世界舞台を抱いたお父様のみ旨の前に反対の立場にある全世界が相まって、真の父母を攻撃するという四十年歴史に当面してきたお父様の悲しみを知る者は、誰もおりませんでした。

ただ一人、ただ一人、ただ一人この道を開拓してこられたお父様の指導の前に、お父様の個人的な安息所を備えんがための闘い、夫婦的な安息所を備えんがための闘い、家庭的な安息所を備えんがための闘い、氏族的な安息所を備えんがための闘い、国家的、世界的、天宙的な安息所を備えんがために、お父様が自由自在においでになることのできる、そのような創造理想的自由環境を開発するための受難の四十年歴史において、今やその峠を越えました。お父様、それによってきょう、真の父母を中心として天宙安息圏を宣布することのできる、驚くべき時代を迎えました。

きょうこの日は、お父様の息子であるこの文《ムン》という者の年が七十七歳であり、一九九七年七月七日七時七分七秒を中心として七数を八回連結することのできる焦点に合わせて七、八数を越えることのできる安息年と、再出発の数を連結することのできる時代となったがゆえに、統一家のすべての群れは、天の権威と天の愛の伝統を受け継いだ家庭を中心として天に侍り、国家を中心として天を安息させ、世界を中心として天を安息させ、天宙を中心として天を安息させることによって、神様と真《まこと》の御父母様が自由においでになることのできる安息的基盤が家庭から天宙までつながれ、そして、神様と一体となることのできる一つの地上天国の王権と天上天国の王権が一時に樹立され得る限界線を越える時を迎えさせることによって、これを成就しました。

このために、エバ国家としての国を代表する母がこの地上に現れて、天上天国がアメリカを中心とした国連舞台を中心として南北に分かれているものを、アメリカを中心として統一的な運勢を備え、韓国にそれを植えて解放基準において民族的解放を代表する韓国となるべきことを案じていたものを、お父様がお守りくださり、三次にわたって、お母様を中心としてこの地に送り、み言《ことば》を伝えることによって、お母様が今回十六箇所という、十六数を越えてこの地上の高位層を、新たに門を開いて解放することのできる祝福をしてくださいました。そして、今や国を挙げて祝福家庭が聖なるものであるということを知るに至りました。

そこに南北の女性を中心として、世界の南北に代わる女性を代表した大会において歓迎されることによって、きょう、十六数と十八大会を中心としてこのような日を宣布するに至り、あす十日を中心としては、この国の中枢的な群れ、世界のすべての主権と国家を代表する核心を中心として、天の勝利圏を宣布できる家庭的王権時代へと入っていく、その祝福がこの地上で成就し、統一教会が家庭祝福において先頭を切っていける主権をお立てになったのも、お父様の御苦労のゆえです。

そうしなければ、韓国の立つ瀬がなかったものを、お母様と天のお父様が協力することにより、このような基盤を備えるようになったことに、心から感謝申し上げます。そのような基盤の上に、きょう、このような真の父母を中心とした天地父母天宙解放圏宣布をさせてくださいましたことにも、お父様の前に千回、千回、千回、感謝申し上げます。

お父様、あなたの願いである家庭的王権時代、国家的王権時代、世界的王権時代と天宙的王権時代の安息の基盤がこの地に造られることにより、囹圄《れいご》の身である神様の解怨《かいおん》成就をして、解放的な立場で愛の天宙を抱くことのできる時代を迎えたことをお喜びください。

この息子の歩んできたこの道を、涙で保護し、助けられない父の悲しみはいかばかりであったかを知っておりますから、これからはお父様の願われた、全体、全般、全権の行使を成し、万国をお父様が主管され、解放天国へと前進できるように祝福してくださいますことを、お父様、切にお願い申し上げます。

今や真の父母の家族から、悲しみの涙を流したその涙の跡が消える時代となりました。お父様の解放の権限をもって父母様の家庭から万国においでになるときに、滞ることなく行き来することのできる、愛する子女と、愛する国と、愛する世界と、愛する天宙を創造理想の特権的な最高の頂上において位置を占めることのできる行幸を、真《まこと》の父母のみ名と共にお父様の解怨《かいおん》成就と全般的な解放を宣布いたしますので、お受けくださいますことを切にお願い申し上げます。そして天地父母天宙解放圏を宣布する時間を喜んでお受け取りください。天からこれを宣布して天上世界と地上世界における統一圏の勝利の旗を高くお掲げください。真の父母のみ名によってこの日を宣布いたします。アーメン。アーメン。アーメン。

＊

今まですべての歴史時代において、神様の安息日がなかったということを知らなければなりません。驚くべきことです。これまではすべてがサタンの所有権でした。息子、娘も神様のものではなく、万物も神様のものではなく、国も神様のものは一つもありませんでした。神様の理想的相対として血族を代表することのできる先祖として現れることのできる人間が、アダムとエバが堕落することによって失われたのです。

＊

私たちの理想家庭は神様の安息の家、安息の家というものがいったいどのようなものなのかを知るべきです。神様が安息の家を失ったのです。ですから堕落した人類の理想家庭というのは、神様の安息の家を取り戻すことです。その安息の家は、何が中心となって形成されるのでしょうか。真の愛と真の父母と真の子女、真の家庭を中心として形成されるのです。

家庭が中心です。家庭を中心として一族とならなければなりません。ですから家庭を中心とした一族、氏族的メシヤにならなければなりません。家庭とは何かというと、家庭的メシヤ、氏族的メシヤ、国家として形成された国家的メシヤ、世界的メシヤ。世界的メシヤは誰かというと、万王の王です。そこに地上天国が形成されるのです。安息が個人から全世界どこでも、天国のどこまでも、神様が行って休むとき、そこが家庭であれば、そこに個人と夫婦と息子、娘、全体が神様に侍って喜ぶのです。

真の父母がとどまって住む所はどこでしょうか。真の父母が住むことのできる所はどこでしょうか。宇宙の中心です。宇宙の中心であると同時に、神様のみ座となる王権の王子の位置です。天上世界の王子の立場、地上世界の王子の立場、二つの父母の資格を中心としてこれを連結させる王子の立場なのですが、その王子の立場というものは何によって連結するのかというと、お金ではありません。もし私が、お金が好きだったとすれば、韓国で金持ちになっていたことでしょう。知識が好きだったならば、私は既にソウル大学の総長になっていたことでしょう。総長に教え、部下にしている人物なのですから。そうではありませんか。

世の中で名の知れた人を弟子として足でけり、王だった人に使いをさせる人物なのです。ですから知識を必要とはせず、お金を必要とはせず、権力を必要としない力をもった人物です。何の力でしょうか。愛の力、神様の愛、真の愛の力です。

＊

韓国には、世界のどの国の家庭にもないものがあります。民謡をとってみても、民謡が宇宙的であり、歴史を越えた宇宙史的な内容をもっています。「月よ、月よ、明るい月よ、李太白《りたいはく》（李白）が遊んでいた月よ、あのかなたの月に、月桂樹が生えているので、金の斧《おの》で切り、玉の斧で仕上げて、くさぶきの三間の家を建て、父母に侍って、千年、万年暮らしたいものだ」。何と素晴らしいことでしょうか。「千年、万年暮らしたいものだ」の父母とは誰のことでしょうか。そのような夢の夢の中で願った父母を尊重した内容を民謡で賛美した国は、世界にありません。

千年、万年暮らしたいものだ。家はどんなにみすぼらしい三間ほどの小さなくさぶきの家でも、千年、万年真《まこと》の御父母様と暮らしたい。韓民族の童謡の理想にぴったりと合っています。そうして何をするのでしょうか。半月のような月、完成していなくてもいい！　家庭的出発は完成してはいないけれども、この世界の半月のような空中の雲の国、人工衛星の船に乗り、帆もなく、竿《さお》もないけれど、すいすいと進んでいく、東の国、西の国。太陽の光は東から西を照らします。男性は東を象徴し、女性は西なのですが、女性は東の太陽の光を受けて、男性と対等な価値をもつのです。東西の平準一致世界が築かれるのです。アーメン。何と素晴らしい民族でしょうか。

きょうは何の日ですか。（天地父母天宙安息圏宣布の日です）。天地父母です、天地。天地父母の理想安息圏ができるとき、そのような世界となるのです。考えただけでもいいし、夢の中でもいいし、働いてばかりでもいいし、汗を流してもうれしくて、悪くないのが、つまりよくないということのあり得ない立場なので、私は永遠に「アー」、口を千年開けていても有り難く「メン」永遠に死んで生きようというのが「アーメン」ということです。そして神様の印を押してもらい、天国の宮殿圏内に入って千年、万年生きることのできる天の皇族圏、天の民圏となることによって、人間の願いは万事成就されるのです。（九七・八・九　ソウル）

5. 地獄解放と天国開門のための宣布

（一九九八年五月十五日、ブラジル、パンタナール、アメリカーナホテル）

興進《フンヂン》様が真の御父母様の直系の子女であるという事実と比べて、キリスト教は血統の異なる養子の立場にあります。この二つが一つとなってこそ、御父母様が完全に立つことができるのです。したがって、既に祝福を受けた興進様と、キリスト教が祝福を受けて一つとなって初めて真の御父母様のみ旨が成就するのです。ですから統一教会はキリスト教に対して、本格的に教団的な祝福を施さなければなりません。真《まこと》の御父母様を中心として父と母、そして長子圏が一つにならなければならず、さらには父と養子圏(キリスト教)とその他の宗教、そして非宗教圏が一つにならなければなりません。

＊

六月十三日に一億二千万双が祝福を受ければ、三億六千万双の三分の一が祝福を受けることになるので、旧約時代を脱するのです。早くキリスト教を中心として重生式と復活式、そして永生式である祝福式を挙行しなければなりません。既に四人の聖人をみな祝福し、清平《チョンピョン》でもキリスト教解放のために精誠を尽くしています。第四次アダム圏解放の鍵はすべて真の御父母様が持っています。事実、地上よりも霊界を早く処理してあげなければなりません。したがって、先祖を整理することに努力をするのです。

＊

霊界を正してから、肉界を正さなければならないというのが摂理の順序です。霊界は肉界に対して垂直であり、肉界は水平関係の世界だからです。このように垂直と水平の世界が出会うことによって、地球星に真の平和がもたらされるのです。真の御父母様が現れなかったとするならば、霊界というものはないに等しいのです。すなわち、真の御父母様が来られてこそ、霊界と肉界を処理することができるからです。

６．総霊界霊人解放式――全体解放統一式の祈祷

（一九九八年十月十五日、ブラジル、サンパウロ）

愛するお父様、きょう一九九八年十月十五日、この日は韓国では秋夕《チュソク》であり、先祖をお迎えする記念の日です。韓国の清平と、この西欧社会のサンパウロの聴衆、天地のすべての被造万物と、霊界にいるすべての霊人、先祖と幾千万の聖徒、神様から始まった愛で造られた被造万物と、この地上に生きている全人類が、一致圏を完成した愛の結晶をもてずにいるという神様の恨《ハン》を解くために、歴史時代において旧教、新教、成約の解放完成圏を目指してこられたお父様、悲しかった歴史をすべてお取り除きください。

天の縦的な真の父母が、天地を創造した理想をもってこの地上で真の父母となる神様の体としての横的な父母が、私たちの第一代の先祖であったことを知っております。その方たちが家庭を中心として一体圏を成し、一つの体を成して、縦的な心と横的な体が一体となり、その一体となった愛の種をこの地上に着地させることによって、永遠なる神様の血統と真の御父母様の血統が

連結し、体と心が一つとなった子女を万民がこの地上に繁殖するという喜びの出発の一日を迎えることができず、悲しく憤懣《ふんまん》やるかたない歴史的な恨《ハン》の痕跡を消すための摂理を今まで続けてきたということを知っております。

今まで考えもしなかったこのような恨を抱かれたお父様の前に、この地上で孝行する息子、娘が一人もいなかったお父様、孤独でかわいそうなお父様であられました。

億万代の一人息子を生かさなければならないお父様のその胸を開いてみると、この地上に先祖のいない悲惨な人類、先祖を失ったその悲惨な人類を見つめる神様が、どれほど悲痛であったかという事実を、この息子は誰よりもよく知っております。神様を知った日から、わきまえのない子たちのために神様が行かれる道は、順調な道を整えるための、キリスト教数千年の歴史における苦労の基台を中心とした真の父母の祝福の一日を得ることによって、エデンで失ったアダム家庭の一つの勝利的血統を受け継ぐことのできる天の真の愛と共に、それを結合できなかったものを取り戻すための受難の歴史であったということをよく知っております。

責任を果たせなかった息子の恥ずかしさを覚える時に、どうすればそれを避けていけるかということを求め、求め、求めたところ、その場で神様の道を、私の行く道を開拓し、橋を架け、また、山を越えて縦的な八段階、横的な八段階を経て、八定式の宣布とともに、真《まこと》の父母であることを宣言しました。

そしてこの地上に七・八節を宣布すると同時に、ジャルジンを中心として、お父様の創造理想である本然的基準が、お父様が出発されたその本然の基準の絶対信仰、絶対愛、絶対服従と、神様の属性の基準でもあり、愛がとどまることのできる基台である絶対、唯一、不変、永遠なる家庭的基盤を願われたお父様の願いを成就するために、真の父母となり得る絶対父母、唯一父母、不変父母、永遠父母、絶対子女、唯一子女、不変子女、永遠子女、絶対夫婦、唯一夫婦、不変夫婦、永遠夫婦、絶対家庭、唯一家庭、不変家庭、永遠家庭を完成する日が、世は知らずとも天は待ちわびる日であり、この歴史で最高の転換点となることを知っているこの息子は、千年を一日のように願ってきたその日の来たりしことを、世の中に称賛したく、称賛すべき宣布の日であるにもかかわらず、このジャルジンの基盤でこれを宣布することになりました。

第三宣言では、天を第一代創造主、第二代創造主、第三代創造主、氏族基盤を連結して横的な基台の上で地上天国と天上天国の王権の基準を中心とした三代の創造主の権限を地上に宣布することによって、恨めしい宿命的な課題として残っていた、神様もどうすることもできず、サタンもどうすることもできないこのような過程をたどり、永遠、不変、宿命的な父子の関係、夫婦関係、父母関係、子女関係をすべて解怨《かいおん》成就することができるようになりました。

今、四数、四・四節を宣布することによって南北がつながり、父母の心情を海から連結して、万物の授受の原則を中心として、海でノアの大審判もありましたが、審判を受けない海の基盤を中心として、すべての被造物を解放的立場に呼び集めるという意味で、国家メシヤと祝福家庭をすべてジャルジンに集め、世界的メシヤ、国家的メシヤ、氏族、家庭的メシヤの型をもって父母に従って戻らなければならないということを明らかにしました。

左側で勝利したことを、すべて右側に返して、すべてが何にも引っ掛かることなく容易に行くことのできる道を行き、父母様が来ることのできる道を開くことによって祝福家庭たちは絶対信仰、絶対愛、絶対服従の四大属性を中心とした、絶対、唯一、不変、永遠なる、父母、息子、夫婦、兄弟、家庭を基盤とした本郷の道を行くことのできる自由な環境を下さったお父様の前に感謝申し上げ、霊界と肉界に分かれているのを統一し、東西文化の壁を越え、南北の貧富の差を越えて、今後統一された国の父母に侍る子女の心情をもって、平和の天地と平和の人類をもつべき統一家の祝福された群れとして行くことができるようにしてくださったことを、心から感謝申し上げます。

もてる財産と、もてる土地をすべて売ってでも、失ったこの平和の天国を率先して取り戻さなければならないのが、祝福を受けた息子、娘であり、祝福された立場に出るすべての人々であるということを知っております。そうすることによって、それを祭物として国を目指し、国を祭物として世界を目指し、世界を祭物として天地を目指し、天地を祭物として神様を目指すべき責任があります。

万年解放圏の愛の実体主権を誇ることのできる永遠解放、地上天国をこのように語ることのできる歴史的な出発を、既に六月十三日を通して、聖人たちと殺人魔を兄弟のごとく、父母様が号泣の心、悲しい心を押し殺しつつ、彼らを同じ立場で祝福することによって、天上世界は解放の叫び声が今でも響き渡っているということを、この息子は知っております。

地の人間は知らなかったとしても、天上にいる私たちの先祖すべてと、天使世界と、千万のあらゆる聖徒がこれを知り、地上で御父母様の環境を開拓するために苦労していることを知っております。堕落した天使長圏の家庭を残し、この地上にあらゆる主権の形態を生んだ堕落した天使、神様の愛の家庭を破綻《はたん》させた怨讐《おんしゅう》を、霊界と肉界が一つとなって兄弟の因縁を中心とした父母の愛を抱き、神様の愛を抱くことによって、この地上で御父母様が、解放圏の宣布とともに、進軍命令を受けて長子権を取り戻しました。

お父様の願いである六月十三日に祝福した五大聖人を中心とする基盤に関係する宗派に因縁のある、霊界のすべての弟子たちとともに、祝福を受けたこの群れが、今後最後の転換の一時を迎えるべき地上に、再び兄弟と共に御父母様に侍り、神様と共に天上と地上とともに、忠孝の道理と伝統の足跡についていくこの地上の天使長家庭を、この地で完成したアダム家庭にいる地上祝福家庭の解放圏の前に同参させてください。神様の前に、家庭では孝子の道理、国では中心の道理、世界では聖人の道理、天地では聖子の道理の愛的因縁を共に受け継ぐことができるように、天の神様と真《まこと》の御父母様が一つとなって、それが永遠に可能となり、彼らを中心として彼に従う弟子と、そのような先祖をもったアダムとエバに連結された後代、先祖も解放してください。

そして、真の御父母様を地上にお迎えした本然の完成した天と一体となった愛圏の血族を中心として侍ることのできなかったすべてが、地上天上の先祖が兄弟の因縁、親子の因縁の本然的創造理想、縦横を決定する愛の一家庭を中心とした定着点に、地球星全体、全霊界が一つの真の父母を中心とした宇宙史的な家庭的礎を永遠に定着することのできる宣布の日に、霊界解放、地上解放、すべての家庭が縦横無尽に自由に往来でき、共に活動する時代を、真の父母のみ名により、今そのすべてを結んで地上着地活動することを、そして、すべての被造万物と共に、真の愛を中心として、神様と真の父母の真の血統的心情圏を中心とした神様の愛の地上天上天国、永遠なる神様の主権的勝利のために出動することを、真の御父母様のみ名により宣言いたします。アーメン！　アーメン！　アーメン！

7. 真の祝福天宙化とサタン血統根絶完成解放宣布式

（一九九九年一月八日、ウルグアイ、プンタ・デル・エステ）

今年の標語は「真の祝福天宙化とサタン血統根絶」です。それはどういう意味かというと、サタン世界とは関係がないということです。真ということを中心としては、偽りが相対の立場に立つことはできません。昨年は、真の神様を愛し誇ることは三億六千万双祝福とサタン世界血統断切です。それは既に、昨年の九月三十日を中心として乗り越える時代に入りましたから、今や天と地において相対的関係で闘争するという時代は過ぎ去るのです。峠を越えたということです。

本然のアダムの立場において、この世界人類を大祝福して乗り越えて、多くの本然のアダム家庭が祝福を受けた立場に立ったので、天と地の塀がふさがってはならないのです。今年は「サタン血統根絶」です。根を抜いてしまわなければなりません。そのためには祝福の恩恵圏をこの天宙、すなわち霊界と肉界に築かなければならないのです。

＊

アダム家庭を中心に考えると、天使世界を中心にアダム家庭を完成しなければなりませんでした。ところが、堕落したがゆえに、アダム家庭においてそれを清算して、アダム家庭の再創造の役事をしなければならないのです。先祖を再創造して、天使長の位置にある家庭にしておかなければならないのです。それゆえ、大量祝福、霊界の解放祝福時代になったのです。解放祝福時代です。それによって霊界にいるすべての霊人の家庭を中心とした天使長自由環境圏へと追いやるのです。家庭を中心とした解放圏では、サタンの役事というのはないのです。

＊

霊界の人々にも祝福をすれば、自分たちが相対を連れて降りてきて、子孫の先祖という立場で、自分の子孫が祝福の道へ行くように駆り立てるのです。人間は本来、真の父母を中心としてこの地で生きてこそ天国へ行けるようになっているのですが、霊界にも住むことのできない霊が、この地上に来ることのできる道を開いてあげるという式にもなるのです。

＊

自分が好きな人を連れてきてエデンで夫婦になれなかったのをこれからは、祝福を受けることのできる地上で、その子孫に従って、絶対信仰、絶対愛、絶対服従するように後援することによって、地上で真《まこと》の御父母様と共に生き、天国へ行くことのできる大道の道に参列するために、全体の根本となっているサタンの血統の根を抜くということを、先生が打ち立てておかなければならないのです。どういうことか分かりますか。

全体解放、サタン追放、サタン根絶と同時に、人間の罪の根が反対に進んでいたのを正して、すべてがまっすぐに進んでいくことができるのです。地獄には悪魔と罪人が行くので、完成できずにすべて逆さまになっていたのが、善なるものとなり、まっすぐに立って、自分の階層から天上世界へと行くことができるという、正に祝福天宙化となっていくのです。

＊

今日「真の祝福天宙化とサタン血統根絶」を宣布したのですが、祝福を受けた一族は、先生の誕生日の二月二十日を中心として献納祭物をすることによって、地上における直系の十二人ではなく、七十二代から百二十代までイエス様が祝福したかったすべてを乗り越えることができるのです。そうなれば、自動的に真の父母の直接主管圏内に入って、サタンと関係のない時代へと移行していくのです。

＊

霊界にいるすべての先祖も解放するのです。サタンも解放してやらなければなりません。それゆえ、今後、氏族的メシヤとして百六十家庭を祝福した人は、一つの一族を中心として、それを自分の一族と連結させて総蕩減《とうげん》献納式をして、その基盤の上で百二十代の先祖を祝福してやることができるのです。こうすることによって、百六十家庭は先生の時代であるために、百二十家庭さえすれば統一天下圏に入るのです。十二代、七十二代、そして百二十代、そのようになるのです。それゆえ、百二十代をすればすべて入っていくのです。百二十代の王たちとその長孫、王権を祝福すると同時に、その王権にいたすべての国民を解放させるのです。真《まこと》の父母と神様が許しのです。

＊

今後デモをしなければなりません。何のデモをするのかというと「真の父母を誇り、真の家庭を誇り、真の血統、真の純潔を誇る」デモです。そのように御父母様がこの地上に来て目的を世界化させるのと同じように、個人でも家庭、氏族、国家はすべて真の父母を中心としなければならないのです。個人から始まって、家庭的な真の父母、家庭的な基準で真の家庭、家庭基準で純潔、民族基準においてもそうであり、国家基準における真の父母、真の家庭、真の純潔、このように世界化されるのです。

国家基準さえあれば世界化され得るので、真の父母の基準が私たち個人から国家、世界、天宙まで連結し、真の純潔の血統が連結されることによって堕落がなかった解放の時代に入っていくのです。ですからそれを全体清算するためのデモをしなければならないのです。伝道よりも、それをしなければなりません。祝福することよりも、祝福を受けさせることよりも、これをしなければなりません。

そうすれば真の父母に向かって讒訴《ざんそ》する者はないのです。サタンも讒訴できず、神様も讒訴はできません。今後、完全に解怨《かいおん》成就、所願成就したという立場で地上天上天国が着地するのです。今後、教会はなくならなければなりません。しかし家庭連合時代が過ぎ去ることはありません。最後まで残ります。そのようなすべてを、千里遠征の蕩減《とうげん》路程を経て、先生の一代で、八十歳まで、六十年代から御父母様は四十年間歩んできたのです。韓国の年齢でいうと、私は今八十歳です。誕生日の前にこれをすべて宣布してしまうのです。

＊

8. 成約時代と天上地上天国完成宣布（一九九九年四月十一日、イースト・ガーデン）

韓国でも八箇所で巡回講演をして、お母様がエバ国家の日本から、息子の国家アメリカの責任を負って巡回講演をしてきたのです。ですから日本では十六カ都市、アメリカで二十四カ都市、合わせて四十の都市で大会をすべて終えたのです。つまり父母の責任と子女の責任においてすべて失敗したものを、先生が責任を取ってなしてきたのです、それは神様にもできず、キリスト教にもできなかったものを、初めて先生が責任を取ってそれを着地させるための決定をしたのです。

それゆえ、韓国での勝利、日本での勝利、アメリカでの勝利を収めて、長子圏を中心としてカイン圏文明世界の三十四カ国を中心として、キリスト教文化圏が一九四五年に責任を果たせなかったことにより、その四十年荒野家庭カナン復帰路程においても失敗したことを、すべてに対して先生が責任を負い、全権をもって再び地上に定着させるという決定をしたのが、今回の巡回路程であることを皆さんは知らなければなりません。(三〇〇―三〇一)

＊

きょう、先生は、「成約時代と天上天国、地上天国完成」ということを宣布しました。家庭完成と、霊界におけるすべての解放を中心として考えると、祝福家庭の中には、既成祝福家庭、法的に契約する契約家庭、そして純粋処女と純粋童貞の家庭があります。三十六家庭の三家庭を代表して、霊界において既成家庭祝福、法的結婚未完成段階で地上と天上に分かれていたものを結んで、霊人祝福をしてあげると同時に、霊界でも、霊人で祝福を受けた人は、三日儀式を通して復帰も許すようにしておきました。

今まで地上で幼くして死んだ霊の中で、十六歳以上になった霊が数百億いるのです。彼らを完全に祝福してあげているので、霊界の先祖が法的結婚をしたように、今まで未成年は天に入れなかったのですが、すべてを祝福してあげることにより、これが十六億双を祝福するということです。(三〇〇―三〇一)

＊

祝福とは、神様の真《まこと》なる生命の血統を連結することのできる基盤を相続することです。祝福を通して神様の血統を相続した人が霊界にも肉界にもいるがゆえに、神様は思いのままに主管することができるのです。ですから神様の思いどおりに再創造、復帰歴史を今も蕩減《とうげん》条件なしに全権をもって推し進めるのです。ですから皆さんが、そのような信念をもった相対的立場に立てるか立てないかということが問題です。そのような決意した絶対信仰、絶対愛、絶対服従の基準と一つとなれば、一瀉《いっしゃ》千里にすべてが水平世界に線を引くことができるのです。

＊

皆さんすべてが今後、絶対愛、絶対服従する立場に立たなければなりません。エデンにおける家庭には、自分の所有物はありません。神様と、神様の絶対愛と一つの血統の立場に立った真の息子、娘にさえなれば、宇宙のすべては息子、娘に相続されるようになっているので、すべてが私のものとなるのです。愛によって一つになれば私のものとなるのです。

＊

皆さん、所有権というものが、すべて自分の財産だと考えてはなりません。所有のうちで最高のものは神様の愛であり、神様の愛を受けることのできる息子、娘の家庭であるということを知らなければなりません。それが一番です。それを失ったがゆえに、すべてを失ったのです。それは探せば取り戻すことができます。皆さんがその愛を中心として、そのような家庭を築くためには、所有権のない完全な無から創造されて、理想と一つとなる絶対信仰、絶対愛、絶対服従の基盤を連結させ、本然的なものをもってこのサタン世界でも完全に拒否するような立場になければなりません。

＊

アダムとエバが失ったものを、これからは家庭を中心として真《まこと》の父母との血統的関係を、真の愛を中心として見いだすことによって、完全に復帰することができるのです。それゆえ皆さんは今、財産だとか、所有といったものをもっていてはならないのです。神様を中心として、血統を中心として、神様の愛を中心として一つになれば、神様のものがすべて私のものとなるのです。

＊

先生は世界的メシヤ、世界的父母として、国家的父母と氏族的父母と家庭的父母を配置したので、これらすべての国家的メシヤ、氏族的メシヤ、家庭的メシヤは、先生と一つになって大移動をしなければなりません。そして本然の地を求めて入り、本国を創建し、そこで氏族的に拡張して世界を求めていかなければならないのです。そのような道を経ていかなければならないので、大移動をしなければならないのです。

＊

今回の二月七日の祝福は、韓国の責任、日本の責任、アメリカの責任、カインとアベルすべてが失敗したものを、先生が軌道を修正して、先生が全権、勝利圏をもって釘《くぎ》を打ち込むという行事です。この「真の家庭世界化前進大会」がその復興会です。(三〇〇―三〇六)

＊

さあ、先生がどれほどすごいのか見てください。今回の祝福式で、「地獄の門を開けて殺人鬼までをも祝福してあげよう」と神様が言うことはできないのです。「早く地獄の門を開いて天国へ来なさい」と言うのです。

＊

死んだ人の中には、統一教会に何年間も反対した人もいるのですが、そのような人までも霊肉を中心として霊肉結婚して、地上で三日行事までせよというのです。それを、韓国からアメリカに来るときに、一九九九年三月十三日に承諾してきたのです。

聖人になれる人、地獄にいる悪の側の人、聖人と殺人魔まで解放するのです。その原則において、統一教会を信じる人ならば、統一教会にこの上なく反対していた夫でも、あるいはまた、自願する人を連れてきて、地獄にいる人までも解放し、祝福してあげることができるというものです。そのようなことが起こるのです。(三〇〇―三〇五)

＊

聖人と悪人を一つにするという原則があるので、結婚もできずに死んだ哀魂が大きくなって十六歳以上になった人を、これから解放してあげるのです。そのような人までも祝福してあげるのです。先生が地獄の門を開いて、すべての人の前で祝福してあげることにより、神様の血族的権限を認めることにより、サタンは完全に後退せざるを得ないということを知らなければなりません。革命の中でも、このような革命はありません。(三〇〇–二〇六)

＊

今日、み言《ことば》と共に世の中が変わり、霊界が祝福家庭によって処理され、三日行事までも思うがままにして解放圏ができたので、サタン世界の血族根絶を行い、霊界肉界の解放圏、神様の全権によって入ってきたということを知らなければなりません。(三〇〇–二〇六)

9. 真《まこと》の御父母様の東西洋《とうざい》(地球星)勝利祝賀宣布

(一九九九年五月三十日、ベルベディア)

あなたの怨恨《えんこん》の根源となったサタンの血統を根絶することのできるこの時代を迎えさせてくださったことを知り、このことを知って今まで身もだえして闘ってきた三億六千万双の祝福とともに、今や残されたすべての男女たちの祝福を霊界と肉界で完成することにより、地球星全体を新しく天国化しなければならない責任的な遂行を背負ったこの統一家の祝福を受けた群れを、天が守ってくださったことを感謝いたします。

この者たちを代表して、先頭に立って息絶え絶えの受難の中で一人、真の父母としての面目を立てるために今まで個人的な闘争、氏族、民族、国家、世界、天宙、天上世界の心情的怨讐《おんしゅう》であったサタンを追放するときまで闘いながらやってくるのに、失敗することを心配しながら保護して、一線に立って共に協助してくださったお父様に、心より、心より、心より感謝いたします、お父様。

このように苦労した家庭を中心として三億六千万双を祝福することにより、四億双以上の祝福家庭を中心として、神様を中心として、これが堅固な城のような先陣となり、サタン基盤、霊界と肉界の地獄解放圏を宣布されて、あなたが自主的な権限を回復できる宣言の日々を通して、天が協助し、勝利の基盤を真の御父母様と共に、祝福家庭と共に成せるようにしてくださった恩賜を、心より感謝いたします。

その基盤の上に、今年においての昨日、一昨日まで（一九九九年一月十七日〜五月二十八日）に終わった、父母様を中心とした八十カ国巡回の大いなる天の役事を、勝利の権限をもって、一方通行で目的地にまで一息に走って循環勝利できるその日々を記念して、パンタナールにおいての天宙史的な解放とともに、この祝福の基盤を中心として、父母様が精誠の八数を中心とした八回の韓国、十六回の日本、二十四回のアメリカ、三十二回の世界、八十カ国を中心として、八数を合わせる四位基台の倍数、アダム家庭の八数、ノア家庭の八数を失ったことを世界的家庭の上でこれを再び回復するための最後の清算のために、このような大覚醒《かくせい》運動を宣言しながら巡回講演を成功的に終わることができました。

このような昨日、一昨日までの勝利の権限をもって帰ってきて、歴史的なこの中心の立場であるベルベディアで「真《まこと》の父母東西洋《とうざい》（地球星）勝利の宣布」のできるすべてのことが言葉だけでなく、このような城壁が根源となって善悪を分別して高低を推し量ることのできる一つの盾としたので、これを中心として今後の統一家のすべての祝福を受けた者は堂々と天の圏の中に天の代身となった国家の国民として責任遂行にはばかることなく、前進に前進を誓うことのできる群れとなることができるようになったがゆえに、万福の祝福のために地上拡大の勝利の権限として真の御父母様の勝利の権限の上に連結させてくださるように懇切にお願い申し上げます。

そうして天上世界と地上世界に天地父母の勝利の解放圏を立てることによって、あなたの愛の主権の理想を万宇宙に宣布して旧約時代の万物の祭物の恨《ハン》を踏み台として、新約時代の子女の祭物の恨を踏み台として、成約時代の父母様をかけてこの恨を踏んで、ただお父様のみが、創造主のみが主人になられ、サタンの讒訴《ざんそ》条件を完全に全廃した勝利の覇権をもち、愛の王になってくださるようにお願いいたします。

地上に平和をもたらすことのできる勝利のこの日とともに、天上世界の解放をもつことのできるこの日を真の父母の名によって願いますので、受けて実践されることを万世に祝福し、勝利により、前進されることを懇切に願いながら、天上世界と地上世界に神様と真の父母のみ名を中心として万民と共に万物を合わせた勝利の覇権国家へと、前進を誓うことを宣布いたします。万世の恨《ハン》と嘆息を、解放圏をもつことによって真の父母の名によって天上地上の真の父母圏全体を身代わりしてこの勝利の日を宣布いたしますので、万世の勝利の主人公になってくださいませ。アーメン！　アーメン！　アーメン！（一九九九年五月三十日、ベルベディア聖地）

10. 真の御父母様天宙勝利祝賀宣布

（一九九九年六月一四日　ソウル）

神様！　きょう一九九九年六月十四日午後一時十五分を期して、ここに立っている真の父の名と真の父母の名を代身して勝利された天宙解放を宣布し、五月三十日には「真の御父母様東西洋（地球星）勝利祝賀宣布」をしたその基盤の上に、きょうは天地を代表した真の父母の勝利圏を中心として勝利歓迎宣布をすることのできる、とてつもない歴史的な時点を迎えました。

その間、天の前に人類の先祖から犯罪を犯した悲しい歴史を残したすべてのことを神様の胸に埋めたまま、誰も願いをかなえることのできない恨《ハン》の心情を抱えてこられた父を私は知っております。その前で、讒訴《ざんそ》し呪《のろ》いながら嘲弄《ちょうろう》したサタンを見つめる神様の心が、どんなに曲折が多かったことかを、私は知っております。神様が、本然の堕落していない完成したアダム家庭を中心として、神様の血筋が連結された愛の氏族圏を編成され、家庭と民族、国家と世界、国を経て世界の地上に、地上・天上天国の出発をされようとした理想は、完全に水泡と消えてしまいました。

サタンが屈服することにより、サタン一族のすべてのものを自由自在に神様が創造権限をもって重ねて収拾できる、主体的な能動行使を施行することのできる時代が来たことを宣布し、地球星解放圏を宣布し、きょうを迎えては、真《まこと》の父母様の天宙勝利祝賀宣布の日を基盤として縦的、横的な基盤の上に、縦的な基盤として天宙真の父母勝利祝賀宣布の時間を迎えさせてくださった恩賜をお父様！　心より感謝いたします。

お父様、これからあなたの指導の前にサタンが強制的に首を絞め、死刑場に引きずり出して脅迫し、脅しによって地獄に行ったこのような時代とは反対に、霊界で祝福を受けたこの家庭たちが自分の子孫のところに行って、強制的にでも全部に薬を与え、病気にしてでも、地獄に連れていくのではなく、天国に連れていける自由解放圏時代を迎えることができたがゆえに、全世界でさまよっているすべての一族、氏族たちを連結させて国家を収拾し、あなたの愛の血縁を中心として永遠の愛の主権の前にあなたの血族であり得る眷属《けんぞく》圏を超国家的に形成し、万民の解放とともに天上世界の解放とともに真の父母の解放、人類の解放、神様のサタンまでも哀れまれた基台の上に、僕《しもべ》の立場をもう一度つくることによって本然の創造理想をなした以上のすべてのものを解放することのできる時代を真の父母が父の権限の前にこれを奉献し捧げますので、その実権的な変わった覇権を通して、正義の判断を中心として地上再臨、天上昇天し、自主的な主管の善の愛の王権を立て、万王の愛の永遠の愛の王権を立て、万王の愛の永遠な永世をつくってくださり、相続させることのできる愛の永遠の王となってくださいませ。

真の父母の地上にその統治を受け、天の前に孝子の道理、忠臣の道理、聖人聖子の道理を行く道を教示して、万民があなたの血族と眷属の立場となり、万代の祝福を受けた天国を主管し地上天国、天上を相続した後継者としてはぐくみますので、この特権的な富貴栄華を受けてくださいまして、宣布の日として定めてくださり、万事がうまくいき、自主的な善の王権を行使することを真の御父母様の前に勧告、また勧告、また勧告宣布、宣言いたします。アーメン！　アーメン！　アーメン！

＊

先生の生涯というものは、み旨の解放のために生きてきたものです。メシヤの使命は、み旨の解放のために生まれ、み旨を中心として生涯を通してみ旨の完成をすることです。その解放圏というものは天国の解放であると同時に、神様を解放することです。その次には、堕落した父母によって、サタンの血統によって牢獄に捕らわれの身となったのを、このサタンの牢獄世界から解放することです。その次に、嘆き悲しんでいる万物まで全部解放することです。

＊

パンタナールを中心として、最高のところに神様のみ旨を連結させることができるように一九九八年五月十三日から十五日まで特別な精誠を捧げたことがあり、その基盤の上に今年においての五月十四日、天宙解放宣布がありました。その次に御父母様がアメリカに帰られた日を中心として五月三十日、ベルベディアにおいて「真《まこと》の父母様東西洋《とうざい》（地球星）勝利祝賀宣布の日」を設定することによって横的な立場がみな築かれたのです。ですから縦的なこの宣布（真の父母天宙勝利祝賀宣布）というものは、神様が今や創造した世界の前に心配から抜け出し、エデンの園の家庭からその自然世界のどこに行っても歓迎されることのできる蕩減《とうげん》を、みな成し遂げたということを意味するのです。

＊

摂理の総結論はアダム完成です。アダム完成とは何でしょうか。アダムが責任分担完成を成せなかったというのです。責任分担は世界の伝統的、礎石的基準が、家庭的礎石であり、氏族的礎石であり、民族的礎石であり、国家的礎石であり、地上天国の礎石であり、天上天国の礎石になることのできるすべてのものの礎石が汚されたのです。それを清算しなければなりません。ですから霊界の掃除、地上の掃除、すべてのものをみなしなければなりません。

＊

天使長がエバを主管性転倒させたのも、偽りの愛ゆえであり、エバがアダムを主管性転倒させたのも血筋を汚したからです。この血筋を汚した人類を子女としている神様は父母の立場なので、宿命的な立場であるけれども不可避的な反対の立場です。神様が逆に立っているというのです。逆に立っている神様は、行くところがありません。捕らわれの身になったということを考えてみてください。神様が人間の世に入ることのできない事実を、誰が知っているのかというのです。神様がこのようになってしまっていいのかというのです。

＊

神様の息子、娘であるアダムとエバは、億万代の一人息子、一人娘です。億万代の一人息子、一人娘を失ったので、神様がどんなに悲しいでしょうか。それだけでなく、愛の伝統として立てることのできる愛の道を失ったのです。愛することができないのです。愛することのできる息子、娘に会っても愛することのできない、愛の道が切れてしまった、そのような神様の悲しみを誰が解怨《かいおん》してあげるのかというのです。アダムがそれを解怨してあげなければならないのです。

皆さんにおいて、これからは、これ以上苦労はありません。蕩滅《とうげん》がありません。ただ一つ、絶対信仰をもたなければなりません。神様が天宙を創造するときの出発が絶対信仰です。絶対信仰をもって造った基盤の上に、未来の絶対愛の型をつくって愛の完成体を成すことができるので、絶対信仰をもちながら絶対愛を投入するのです。その価値の愛は、自分よりも億千万倍立派であることを願うこのような立場なので、投入しては忘れ、投入しては忘れる歴史の蕩滅復帰を繰り返しながら数千万年、アダム完成の家庭を探してこられた神様の愛です。その神様の苦労を知って、その苦労された神様を解放させなければならない、誇り高い家庭にならなければなりません。

＊

真《まこと》の御父母様の天宙勝利祝賀宣布をすることができた事実を見ても、勝利の祝賀を宣布できるこの事実は、神様が真の父母の前に、天地すべての前に感謝することのできるこのような条件を立て、その感謝の心が創造し、願った希望の神様の心を全部越えに越えて、内外共に完成したアダム以上の立場を固めるその世界を根こそぎ受け継いだその立場で、新しい四次アダムと出帆を願うのが、本当の勝利の立場に立った神様の心と真の父母の心であることを記憶しなければなりません。

＊

アダムの責任が神様を解放し、神様の愛以上のすべての心情と精誠の心でアダムの何十倍、何百倍の完成の道を超えたその立場で家庭を中心として孝子、国を中心として忠臣、世界と聖人、聖子の立場に立ち、神様の前に全体の相続を受けなければならない父母様の生涯路程です。そのためには、すべてのものを捧げなければなりません。これを捧げて、神様がそのような立場で勝利、万世の勝利、永遠の勝利、永遠に存在する神様がそれ以上の勝利を願うことのできない立場に立つように相続してあげるとき、堕落の恨《ハン》を大きく越えることのできる、新しい世界の勝利の神様の権限を行使できる、と見るのが総結論です。そして、汚されたサタンの血族は跡形もなくきれいに整理しなければなりません。（三〇二・二・四六）

11．天地父母天宙統一解放宣布（九・九節）（一九九九年九月九日、ソウル）

愛するお父様、きょうは一九九九年九月九日、父母様の七十九歳に合わせて、九月九日九時九分九秒を中心として天地に恨として引っ掛かっていたサタンの完成数である九数圏を、天上世界から地上世界に連結されたすべての地上・天上天国に連結された地獄と天国の堕落の因縁によって拘束されているすべては、サタンを中心として連結されていることを説破いたしました。

その内容が腹中時代からふさがり、幼児時代、兄弟時代、婚約時代、結婚時代、父母の時代を経て、おばあさんの時代と女王の時代まで、男性世界、女性世界共に血筋を中心として連結されなければならない一体的理想圏がサタンによって心と体の中で境界線、幼児時代、兄弟時代、婚約、結婚、夫婦、父母、祖父母、王権まで全部がふさがっていたこのすべての事実が善と悪の闘争歴史によって、多くの天側に立ったアベル的な兄弟圏が血を流してきましたし、このアベルを中心としてカインを逆に屈服させてアベルが天の国の長子権を探し求めてサタン世界の子女たちを次子権として自然屈服させなければ神様の善の血筋が汚された血統の因縁を正すことのできない恨《ハン》の歴史であることを、統一教会の教会員たちははっきりと知っております。

偽りの父母によるこのすべて全体は、九数に該当するものであり、一から九数までは神様が嫌うことによって、神様は旧約時代に十分の一の条件を中心として、サタン数九数を清算するための摂理歴史を成してきたことを私たちは知っております。このすべての九数、サタン数の最高の頂上数を個人的に屈服して、氏族、民族、国家、世界的に屈服するだけでなく、地上世界と天上世界、真《まこと》の父母を中心として地上世界の整備とともに天上世界の氏族的な真の父母、神様を中心とした一体となられて、縦横のサタンが汚した地上地獄と天上地獄、地上のすべてのふさがっていた壁を崩すことによって、地上に愛を中心として主流の天上世界の天国まで直行することのできる道を連結させることのできる真の父母の涙は、立体的なものを経て、個人的時代を過ごし、家庭、氏族、民族、国家、世界、家庭的限界線を逆さにして神様的最高の家庭理想を地上に開くことによって、天が解放され、神様が自主的にすべての世界を主管することのできる時代が目の前に近づくことによって、天上世界では七・八節を中心として真の父母天宙安息圏を宣布して以来、満四年が過ぎたので、これから四年を迎えて二千年代を中心としてサタン世界のふさがっていたすべての九数を完全に清算しなければ、二千年代を越えることはできません。

あす十数を足すことによって一九九九年が二千年を迎えることのできる数になることによって、神様が引っ掛かることなく堕落のない本然の創造理想的アダム家庭以上の愛を中心として、縦に個人から家庭、氏族、民族、国家、世界、終わりまで戻っていって、地上世界と天上世界に連結することによって球形的統一世界を探そうとするその本然のみ旨が解放と共に万歳を叫びながら天地解放圏をもつことのできる六月十四日を中心として、天地父母天宙勝利祝賀宣布式をもった基盤の上に、きょうのこのすべての天地父母天宙統一解放圏を宣布することができたということは、これから南北統一の運勢が来るようになったのです。

東西文化の格差、東洋では精神的文化の基準であり、物質文明の西洋文明は互いに闘争的概念があったものが、一つにならなければならない東西文化の統一であり、南北の貧富の格差を統一することができ、兄弟の愛の父母を中心とした家庭理想統一的縦横のすべての愛の理想、天国まで解放圏をもって地上世界の地獄全体、天上世界の地獄全体、地上世界天国全体に顕現、天上世界全体に顕現することのできる自由解放圏を迎えた最後の決定的な勝利の権限を天宙に宣布することのできる日をもつようになりました。

きょう以降から主なる神の名に従って神様が宣布するこの宣言の前に、絶対服従、屈服することによって、今まで天の一八〇度の方向を一八〇度善の方向に絶対信仰、絶対愛、絶対服従の因縁をもつことによって、エデンにおいて悪の先祖、天使長が絶対信仰をもってアダムを愛し、絶対愛、絶対服従を天倫の大主体父母、相対父母、天地父母に反対したことをこれから蕩減《とうげん》復帰して、絶対的な立場に立って全人類と万物を絶対信奉すると同時に、絶対愛と絶対解放圏に従って、絶対服従することによって堕落した天使長まで、地獄まで解放することのできることを真《まこと》の父母の名によって、この九・九節を宣布しながらこの内容を明らかにし、天宙に宣布いたしますので、悪の世界、善の世界は神様と真の父母と一体化して善のみを残し、善のみが動くことのできる、神様の理想地上天上天国天運時代、解放時代を迎えることのできるように許諾することを今、真の父母の名によって宣布いたします。アーメン！　アーメン！　アーメン！

＊

文《ムン》総裁は世界的版図をもっています。アメリカは天使長国家で、韓国はアダム国家です。父と息子が一つにならなければならないでしょう。今までの復帰歴史は母子が協助してきましたが、今は母子協助時代が過ぎたのです。今までの蕩滅歴史で母子が、母と息子、娘が犠牲になって復帰しましたが、このすべてのことが九・九節を宣布して、南北が統一できる運勢に入り、統一される日には父子協助時代に入るのです。母親はいなくてもいいのです。母親はいくらでも立てることができます。アダムが堕落しなかったら、エバはいくらでも代えることができたのです。

＊

人知れぬ思いを一人しながら、韓国の未来の統一の理想世界と天上天国にどのように連結させるかという問題を誰が知るでしょうか。牧師が知っているでしょうか、長老が知っているでしょうか、誰が知っているでしょうか。宗教圏では分かりません。それを真の父母のみが知っているのです。無知で堕落しました。堕落した父母は無知の愛で堕落しました。これが偽りの愛であり、偽りの生命、偽りの血統を残しました。これを真の父母は完全に知っています。

神様が誰であり、歴史はどのように流れてきて、民族的帰結はどのようになり、良心的分裂をどのように統一するのか。個人統一、家庭統一、氏族、民族、国家、世界、天国、神様まで、私の手で解放させようというのです。偽りの父母が神様を捕らわれの身としてしまったので、真の父母は解放的主人として神様を解放するのです。サタンの王権をなくして、長子権、家庭権、王権を取り払い、神様を天上世界にお連れして先生が整えた基盤に入ってきて家庭統治、氏族統治、民族統治、国家統治、世界統治まで完結させなければならない責任があるので、そのことを今でもしているのです。

歴史上で数多くの民族、氏族、血族がみな三六〇度位置が違うのをどのようにして天国に入れるようにするのでしょうか。全部門を開けておいたのです。海になるためには滴を落として、支流を経て、大流を経て、大きな川を通して海まで行きます。ところが、今は大きな川は逆に流れるのです。逆に流れますが、すべて海の水は無限な水があって逆に流れるのです。あの山深い谷間まで、愛の波、真《まこと》の波、正義の波、理想天国のユートピアの波が流れて三度だけ入ったり出たりするだけで自然に浄化されます。三年路程さえ経ていけば、地上天国は目の前に現れるのです。このような国家観、大運勢転換時期に処しているということを知らなければなりません。

＊

太陽は一つですが、太陽の光は宇宙に満ちあふれているのです。

＊

真の父母は誰に必要かというと、個人に絶対必要です。体、心の闘いをやめさせることのできる教えは真の父母にしかないので、真の父母は数多くの人間、個々人に絶対に必要です。それでは、真の父母は絶対的に誰のものでしょうか。真の父母は誰のものでしょうか。私のものです、私のもの、一度言ってみましょう。真の父母は誰のものでしょうか。私のものになったのです。男性、女性は、真の父母の血族を受け継いだ息子、娘です。そこにはサタンの血筋はつゆほどもないのです。つゆほどもありません。真の父母様は、絶対的に誰のものですか。真の父母様を絶対私のものだという人は、個人絶対完成者だということです。(二〇二－一六七)

＊

真の父母様は、私のものです。真の父母を私のものにするためには、この地球星を売っても買わなければなりません。地球星でも足りません。地球星と霊界と肉界を売っても買えないのです。今日、特別に決意しなければならないことは、真の父母様は絶対的に私のものだ、唯一的に私のものだ、不変的に私のものだ、永遠的に私のものだ、という決意です。(二〇三－一八六)

＊

皆さんはこれから「九・九節」を中心として「総蕩減《とうげん》献金」をしなければなりません。「総蕩減献金」とは何をするのかというのです。怨恨《えんこん》と解放式です。解放式をしなければなりません。神様の恨《ハン》を解いて、解放をしてさしあげなければなりません。それだけでなく、天宙を解放して、皆さんを解放させ得るのが「総蕩減献金」だということを知らなければなりません。(二九八－一六〇)

＊

一九九九年九月九日、「九・九節」宣布以降、十四日午前七時十五分を期して、今までの真の父母の名によって祈祷したものを、自分の名前で祈祷する時代に入りました。天宙統一解放圏を迎えて、第四次アダム圏の自主自由の解放の時代に入るからです。(二九八－一六〇)

祝福家庭の場合（一世二世を含む）

〔例一〕夫（妻）が祈祷する時：真《まこと》の御父母様の勝利圏を祝福によって受け継いだ祝福家庭誰々（祈祷者の名前）の名によって祈祷いたします。アーメン。

〔例二〕子女が祈祷する時：真の御父母様の勝利圏を祝福によって受け継いだ祝福家庭（父親の名前）家庭の息子、娘（息子、娘の名前）の名によって祈祷いたします。アーメン。

〔例三〕大衆の前での祈祷の時：真の御父母様の勝利圏を祝福によって受け継いだ祝福家庭（祈祷者の職責）、誰々（祈祷者の名前）の名によって祈祷いたします。アーメン。

（教区長の場合：〇〇教区長〇〇〇の名によって祈祷いたします。）

祝福家庭でない場合は前と同じように祈祷します。

〔例〕真の御父母様のみ名によってお祈りいたします。アーメン。

12．第四アダム時代（二十節）宣布（一九九九年十月十日、ウルグアイ）

一九九九年十月十日の十月の十数は天を中心とした再出発数を意味し、十日の十数は地を中心とした再出発を意味します。それで十月十日を「二十節」として宣布するのです。

三　ジャルジン七大宣言と新エデン創建

1．第一宣言：新希望農場（New Hope Farm）宣言

「神様が人間と万物を創造されるとき、絶対信仰、絶対愛、絶対服従をもって造られました。神様の対象体である私たちも神様に絶対信仰、絶対愛、絶対服従しなければなりません」（九五年四月三日、ジャルジン、新希望農場）

＊

エデンの園で失った絶対信仰、絶対愛、絶対服従を取り戻すために、サタン世界を完全に否定してきたのが、神様の復帰の使命であることを知らなければなりません。旧約は割礼を通して、新約はもちろん洗礼をしてあげることによって、不信によって汚されたすべてのものを洗い流すのです。成約は何でしょうか。愛です。犠牲になることによって、自分を投入して忘れるのです。神様と共に投入して、堕落した世界を再創造しなければならないのです。神様の息子、娘になろ

うとするならば、この世に自分を投入して早く復活しなければなりません。ですから、血統転換の祝福を受けなければならないのです。また祝福を受けたなら、その一族を犠牲にしても早く国を収拾しなければなりません。絶対的な信仰、絶対的な心情、絶対的な服従なので、それは絶対的な行動です。(二六八—一九四)

＊

絶対信仰、絶対愛、絶対服従できる人になりさえすれば、統一教会の「原理」を知らなくてもよいのです。そうして、その上に絶対的な血統復帰、所有権復帰、心情復帰を地上で成して越えるようになると、その人は、天の国の民になります。(二六八—二〇三)

＊

レバレンド・ムーンが世界的に百六十カ国家を中心として、自由民主世界および共産世界を収拾して既に勝利の覇権を握り、南半球に来て、地上天国、理想王権の世界を建設できる時運が始まりました。これから皆さんは、先生の代身であり、神様の代身です。先生がどこに行ってもついてきて、天がどこに行ってもついていかなければなりません。きょう一九九五年四月三日を中心として「新希望農場（New Hope Farm）」を宣言します。(二六八—一九六)

2. 第二宣言：絶対、唯一、不変、永遠の理想家庭

「神様は、絶対、唯一、永遠、不変であられます。私たちは、神様の子女であるので、神様の属性に似て、絶対子女、唯一子女、永遠子女、不変の子女にならなければならず、絶対夫婦、唯一夫婦、永遠夫婦、不変の夫婦として生きなければならず、絶対父母、唯一父母、永遠父母、不変の父母にならなければならず、絶対家庭、唯一家庭、永遠家庭、不変の家庭として完成しなければなりません」（九八年八月七日、ジャルジン、新希望農場）

＊

神様を中心として、全被造世界の本質的真《まこと》の愛の、理想の愛をもっているので、絶対夫婦、絶対子女、絶対兄弟、絶対父母を中心とした家庭にならなければなりません。これが第二ジャルジン宣言です。絶対信仰、絶対愛、絶対服従、神様の属性とは何かというと、絶対属性、唯一属性、不変属性、永遠属性です。そのような属性をもっているので、その属性は四つの必要とするすべての全体相対を願われるに違いないのです。自分よりも良いものを願われるがゆえに、より絶対、より唯一、より永遠、より不変、このようなものを願われるのです。

皆さんは神様を、絶対父母、唯一父母、永遠父母、不変父母として仕えてみたことがありますか。そのような父母、起源者がいて、その起源者が見えないその父母と、見える夫婦としてのアダムとエバになったのですが、アダムとエバも見える絶対、唯一、不変、永遠の神様の代身者にならなければなりません（一九四―二三〇）。

＊

「創造主」と言い、「万宇宙の根本」だと言い、すべての存在世界の主体となる一つの中心があるのですが、その中心が願う理想世界は、この地上の存在世界ではないのです。神様が願われる世界は、天上にある、何かの理念の世界でもなく、だからといって外的な世界でもないのです。その世界は心情の因縁を中心として動く情的な流れの前に、全体を巡って「息子であり、娘である」と呼べる世界です。

＊

ですから神様がいくら立派な方で、創造主で、絶対者であるとしても、やはりそのような内容をもった人を願われるということを、私たちは否定できないのです。

＊

歴史は真《まこと》の人、真の国家、真の世界を指向しています。私たち自身も真の存在になろうとする意識をもって目指しています。それでは真の因縁の中で、標準になる因縁とは何でしょうか。神様と人間の間に結ばれた、父子の因縁です。この因縁から始められた心情は、どんな存在の権限によっても曲げることのできない永遠で不変で唯一なものです。また、この心情の権限は絶対的なものです。

ですからこの権限をもって現れるようになるとき、すべての存在物はその存在の前に頭を垂れるしかないのであり、この心情の権限をもって動くようになるとき、万天下はそれに従って動かなければならないのです。これが宇宙の鉄則です。もしそうでないとすると、私たちが願う本当の目的を成すことができず、一つの絶対的な因縁を結ぶことはできないという結論が下されるのです。

＊

人類と天倫の前に終わりの日があるとするならば、その終わりの日は、どのような日になるのでしょうか。その日は神様が人間に対して「お前は永遠に否定しようとしても否定することのできない私の真の息子、娘だ。私の息子、私の娘、今こそ恨《ハン》をすべて解いた」と言うことのできる、安心して安堵《あんど》することのでる、安心して楽しむことのできる日でなければなりません。そのような息子、娘がこの地上に現れる、その日その時が来てこそ、神様の新しい理念世界は始まるのです。

3. 第三宣言：第一、第二、第三の創造主宣言

「神様は第一創造主としてアダムとエバを創造され、アダムとエバは第二創造主として私たちを創造しました。それゆえ、私たちは第三の創造主になるのです。神様は息子、娘（アダムとエバ）を失った悲しみも大きいですが、孫をもつことのできなかった恨もあります。三代が第一創造主（神様）のような心情をもって、一つの家で共に生きなければなりません」（九八年八月二十一日、ジャルジン、新希望農場）

＊

天は「ため」に生きる人に「滅びろ」と言うでしょうか、「栄えろ」と言うでしょうか。保護するのです。統一教会の教会員たちは、よく知らなければなりません。誰よりも「ため」に生きる人は、中心存在になるのです。これは天理です。

＊

朝御飯を食べるときには、夕べの怨讐《おんしゅう》の名前を忘れなさいというのです。昼食を食べるとき、朝の怨讐の名前をみな忘れるのです。彼らのために救ってあげようとする神様の心の道に従えば、天運がその後ろから保護し、背こうとするときには何度も何度も振り返り、怨讐を怨讐と思って

はいけないのです。先生は、怨讐の名前を、全部忘れてしまいました。

先生は、怨讐の子女たちに、学費がなければ、学費を送ってあげました。食べることができなければ、食べるものを送ってあげました。誰だか、私も分かりません。

そのような心情があるので、今日、世の中を正し、神様を中心として天下を収拾し得る中心、永遠の中心が決定できるという事実が、このような論理で結論づけることができるということを知らなければなりません。

＊

「ため」に生きて滅びた人はいません。「五千年の歴史の中で、生きている聖人が文《ムン》総裁だ！」と、そのようなことは聞きたくもないのに、そのように言う人が多いというのです。直接、会ってみると、「生きている聖人として侍らせてください」と、そのように言う人に多く出会いました。

誰がそのように教えたのでしょうか。自分の心に、高いその何かが関係して、先祖とか、通り掛かりの天国に近い忠臣の家系の中で名前を残した人たちが訪ねてきて、夢の中で、思いの中で、投入して、そうできる行動の結果を招来した驚くべき事実を忘れてはいけないのです。

4. 第四宣言：宿命的提案解怨《かいおん》宣言

「神様と私たちは、父子の関係です。父子の関係は宿命です。父母のすべての恨《ハン》と問題を子女のみが解いてあげられるのです。それが子女の道理なのです。入籍した家庭は二度と、不信したり背信することはできません。神様と私たちは父子の間で共鳴統一されなければなりません」（九八年八月二十八日〈陰暦七・八節〉、ジャルジン、新希望農場）

＊

父母の愛は、公平でなければなりません。ですから父母は、長男、長女がいれば、自分の代わりに愛せるように、お兄さんたち、お姉さんたちが、その弟妹たちに尊敬されるように、つなげてあげなければならないし、そのように結んであげなければなりません。それができなければ、家庭に不和が起こり、兄弟の紛争が起こります。それで教育をしなければなりません。

ですから宿命的提案解怨！ それがアダムとエバ、個体復帰の完成をしなければならない神様の素性《そせい》を中心として、四大原則は絶対男性、唯一男性、不変男性、永遠男性、また絶対女性、唯一女性、不変女性、永遠女性だというのです。そのような男女になって祝福を受けなければなりません。真《まこと》の夫婦にならなければなりません。

親不孝の中の親不孝です。その方が求めて成そうとした家庭において孝子を願っていたのが、失った長子ですが、それを成すことができませんでした。このような長子の伝統を受け継いで国を建てるはずだったのが、国をもつことができませんでした。世界ももつことができませんでした。地上の天国を成して天上天国をつなげることのできる、これをもつことができませんでした。

すべてのことの宿命的課題を、成就することができなかった、という事実が分かりますか。これをすべて解決できる方法が、このジャルジン宣言です。これは、絶対信仰、絶対愛、絶対服従です。

＊

神様は、私たちの父母です。この世の堕落した人間も同じように、父母は、愛する主体は自分の愛する相対が自分よりも優れることを願います。この天理原則が、根本が神様と父子の関係なので、神様を中心として夫婦関係、父子の関係、アダムとエバは神様の体となり、神様的夫婦になるのです。

＊

父の精子は、骨です。骨を中心として母は、肉です。精子が母親の卵子と合わさって構成されて生きることによって、母親の卵子が構成されるのです。骨！　骨に対するものがどのように生まれるのでしょうか。父親の赤ちゃんの種の根本がプロジェクトです。根本の計画というものです。それが母親に入って、母親の肉を受けて大きくなって、みな形を整えて本来の父親の赤ちゃんの種としてあった構成的、その実体がプラスになって、母親の腹中で、母親の体をマイナスとして大きくなっていくのです。このようにして初めて、計画されたプログラムの形態に一致して生まれたのが私です。

＊

夫婦の生活に愛の自由があります。そこは制裁のない解放された天地、どこに行ってもそれが拘束されない自由的愛の立場から出発しなければなりません。自由の愛を中心として自由の生命の結合夫婦となって、自由生命の結合を通して自然な腹中生成の過程を経て生まれるのです。そうすると自分に自由があるというときには、これは父母の自由を、愛の自由を尊敬しなければならず、父母の生命的自由、血統的自由の因縁を否定する自由はあり得ません。ですから父母を尊重視しなさいと言うのです。

父母が守ってきた愛を尊重視し、伝統を受け継がなければなりません。それを受け継いだのちに、その上に自由があるのです。木の枝が生きるためには根から、茎から、すべての栄養が連結された立場において育つことのできる自由権があるのであって、これを否定する自由はありません。切ってしまえばみな死んでしまうのです。

＊

真《まこと》の愛の道は順理です。絶対信仰、絶対愛、絶対服従のために生きれば愛が育つというのです。信仰の上に愛の種を植えて、芽が出たので、これを誰が育てるのでしょうか。これはすべて神様自体が、自体を投入できるのです。

コディアックに行くと鮭《さけ》がたくさんいます。鮭が寒い冬に、十一月に卵を産みます。そのように寒いので、昆虫もいません。小さな魚もいません。すべての魚が暖流を探していくので食べるものがありません。ですから母親、父親が餌《えさ》になるのです。父母、先祖は、子供のために犠牲になるのが当然の原則です。動物世界は今まで伝統に従って数億年が過ぎても続いているので、人間はさらにそうしなければならないのに、それさえもできずにいるので、人間は動物よりも劣っているという話になるというのです。また、愛することも同じです。勝手に愛することをしません。鳥も真の愛の種に従います。勝手に愛し合わないというのです。カップルになったら、それが絶対的です。

＊

これから家庭法をつくってあげなければなりません。全部規範をつくるようにと私が指示しています。これから私が霊界に行っても、霊界に行って国を立てるようになると、その国を立てる法に従って、先生がいなくてもその法を先生の代身として守って一つになっていけば、天国と連結できるのです。

＊

自分中心、個人主義、自分の存在意識を主張できないのが「私」だということを知らなければなりません。私自身を主張する前に父親、母親がいたし、父親、母親の生命から父親、母親を通した血統があったし、その上に愛がありました。血統を尊重し、歴史を尊重し、先祖を尊重し、先祖たちを整えることのできる因縁が何かと言うと、父母なのです。父母を尊重し、その次に神様を尊重し、神様の上に何でしょうか。愛です。

＊

絶対愛、絶対父、絶対父母、絶対父母を通じた絶対愛から絶対生命、絶対血統が、その母親、父親に集まっています。ここから出てくるということを知らなければなりません。それで私は血統の代表者であり、母親、父親の生命体の代表者、母親の愛の代表者だというのです。その代表者として受けたので、それを拡大することのできるのが生まれた本位の目的であって、これも成さずに自由行動して、自分の欲望を立てて勝手にしては亡国の種になるのです。

＊

宿命的な課題と運命的な課題である、すべての父子の関係の因縁が一つにならなければならないのですが、何を中心になるのでしょうか。真《まこと》の愛を中心として、骨の髄から、赤ちゃんの種から。それで生まれて今、体と心をもって大きくなってこの世をすべて抱いて、父親も抱いて母親と一つになるのです。父母様が言うそこには絶対信仰、絶対愛、絶対服従、おじいさんが言うときには、孫も絶対信仰、絶対愛、絶対服従。父親も絶対信仰、絶対愛、絶対服従。同じです。ですから永遠に伝統的に相続されていくのです。宿命的提案解怨《かいおん》！　このようにしてこそ第八番目の誓いにおいての、成約時代を迎えて絶対信仰、絶対愛、絶対服従による神人愛一体、神様と人間の一体、愛による一体となるのです。一体を成して、その次にはそこから地上天上天国の解放圏です。

5. 第五宣言：家庭的四・四節宣布

「地上世界の完全完璧《かんぺき》な摂理完了時代を迎えるようになった。
一、霊界でも四位基台が成されて地上でも四位基台が成された。
二、父母と子女が四位基台を取り戻し、理想家庭の種を蒔《ま》いた。
三、一世代と二世代が一つになった。

四、南（パンタナール）と北（アラスカ）が一つになった。（天と地が一つになった。）
五、サタン血統が断切され神様の側として血統が転換された。」

（一九九八年九月八日〈四・四節〉、アラスカ、コディアック）

＊

きょうが一九九八年であり九月八日ですが、このすべての数字を足すと四十四数になります。アダムの四位基台、子女の四位基台、相対の四位基台を越えることのできる九数はサタン数であり、八数は出発数です。「十九」も二十の前です。全部サタン数だというのです。ところで全体、全般、全権、全能の時代、神様の思いのままにすることのできる時が来ます。サタン世界のすべてのものが一つの世界になるのです。それでは四十四数はいつ現れるのでしょうか。歴史的な宣言をしようとするのです。一九九八年九月八日の合計四十四日、それできょう四・四節を宣言するのです。

＊

いずれにせよ帰らなければなりません。それで北の方のコディアックに行って二世を中心として四・四節をつくるのです。ここ南の方では国家的メシヤ、北の方では母の国のカイン的メシヤ、このように分かれるのです。これを連結して心情的なものを中心として、その前には二世が立つのです。ここにプラス・マイナスがあり、プラスがあればマイナスをくっつけなければなりません。北の方に入って将来、二世たちがプラス・マイナスに連結されて初めて、そのとき「四・四節」を宣布することにより、アダム家庭の四位基台着地、息子、娘の四位基台着地をして、二人とも初めて四位基台が着地することによって、天上世界の門を開けることができるのです。ですから、このことを準備するために六月十三日、聖人と殺人鬼たちを祝福してあげたのです。みんな兄弟です。神様のことをサタンが打ってしまったので、神様が思いのままにするのです。それで解放的地上・天上天国になるということを知らなければなりません。

6．第六宣言：総霊界霊人解放式――全体解放統一式

「すべての霊人たちは何の功績もなく祝福を受けたので、地上の後孫を助けて地上天国建設を助けなければなりません」（一九九八年十月五日〈陰暦八月十五日〉、ブラジル、サンパウロ）

＊

愛するお父様！　きょう一九九八年十月五日、この日は韓国では秋夕《チュソク》であり、先祖に侍る記念日です。今から、韓国の清平《チョンピョン》と、この西洋社会のサンパウロの城中と、天地を巡ってすべての被造万物と、すべての霊界にいる霊人たち、先祖たちと千万聖徒たち、神様をはじめとした地上の愛によ

って造られた被造万物たちとこの地上に生きている全人類が一致圏をなした愛の決定をもつことのできない神様の恨《ハン》を解くために、歴史時代の旧約、新約、成約解放完成圏に向かってこられたお父様、悲しかった歴史をみな取り除いてください。

お父様の願いであられた六月十三日に祝福した五大聖人を中心としたその基盤と共に関係している宗団の因縁の霊界に行っているすべての弟子たちと共に祝福を受けたこの群れたちが、これから最後の、転換の一時を迎えなければならない地上に、再び兄弟と共に父母様に侍って神様と共に天上と共に、共に忠孝の道理と伝統にその足跡を踏んでいく、この地上の天使長家庭をこの地に完成したアダム家庭にある地上祝福家庭解放圏の前に同参させてくださり、神様の前に家庭では孝子の道理、国では忠臣の道理、世界では聖人の道理、天地では聖子の道理の愛的因縁を共に相続することのできるように、天の神様と真《まこと》の御父母様が一つになって、このことが永遠に可能になり、彼らを中心としたその従ってくる弟子と、そのような先祖をもったアダム・エバと共に連結された後代の先祖たちも解放してください。

そうして真の御父母様に地上で侍った本然の完成的天と一体の愛圏血族を中心として、侍ることのできなかったすべてが、地上天上の先祖たちが兄弟の因縁、父子の因縁の本然的創造理想、縦横の決定の愛の一家庭を中心とした宇宙史的な家庭的枠を永遠に定着することのできる宣布の日に、霊界解放、地上解放、すべての家庭が縦横無尽であることのできる自由の往来ができるようになり、共に活動する時代を真の父母の名によってこれからこのすべてのことを一つに束ねて地上着地活動をすることを、全被造万物と共に真なる愛を中心とした神様と真の父母の真なる血統的心情圏を中心とした神様の愛の地上天上天国、永遠な神様の主権勝利のために出動することを真の父母様の名によって宣言いたします。アーメン！　アーメン！　アーメン！（「総霊界霊人解放式」を参照）

7. 第七宣言：天宙的四・四節宣言――真の祝福天宙化とサタン血統根絶完成解放宣布式

（一九九九年十一月八日、ウルグアイ、プンタ・デル・エステ）

心と体の統一、夫婦統一、子女統一を成さなければならないのです。それで絶対家庭が成されなければなりません。これがジャルジン宣言において第二です。第三、第四まで連結されてその次には四・四節まで連結されるのです。アダム家庭は四位基台完成を通して定着することができませんでした。その次には息子、娘が定着することができませんでした。ところが四・四節を越えて、これからジャルジンに来て家庭訓練をして天国に帰っていくのです。

＊

旧約時代は、万物を統一祭物として捧げなければならず、新約時代は、息子の祭物を完全に統一祭物として捧げなければならず、これから成約時代は、父母の祭物を完全に一つにして捧げてこそ恨《ハン》の世界に解放と統一を宣布することができるのです。それで今回、神様がどっさり祝福をしてくれると思っているのですが、水道管が太ければ水が多く排水されるのと同じように、皆さんが精誠を捧げて努力した、それいかんによって、勝利的すべてのパイプが各々天上世界と連結されるのです。このような事実を知り、あらん限りの精誠、精誠、精誠を尽くして、敗者になるのではなく、勝世者になることを祝願いたします。(一九八一五九)

＊

サタン世界の権能がどんなに強くても、神様の権能の時代が来るのです。神様が思いのままにできる時代が来るのです。そのようにできる時代が来て、初めて地上天国になるのです。神様を解放しなければなりません。それも四数です。旧約時代、新約時代、成約時代、その次には解怨《かいおん》時代です。解怨時代には全体を捧げなければなりません。こうすることによって、それをもらって神様がもっているのではありません。神様が全体を受けて、初めてアダムに渡すのです。アダムは、受けたものをもう一度、神様にお返しして、神様が真《まこと》の父母の前に渡すことにより、そこから所有権分配が始まるというのです。(二九八一六三)

四　世界平和統一家庭連合

統一するためのキリスト教時代は、既に過ぎました。長子権復帰、父母権復帰を完成したので、キリスト教統一だけでなく、世界統一時代へと越えていくのです。それできょうから名称が統一教会の名を替えて、世界平和統一家庭連合を一九九六年四月十日付で使用しなければなりません。（二八三・一一）

＊

世界基督《キリスト》教統一神霊協会の使命が終わることにより、宗教の使命は終わり、救いを必要としない、人類史上初めて宗教を必要としない新時代に入るのです。家庭連合は、家庭を理想家庭にすることにより、神様の創造理想を復帰完成して、天的理想世界を立てるものです。（二八三・一一）

＊

家庭が定着しなければなりません。今まで宗教は、個人圏を目標にしたのであって、家庭圏を目標にする宗教はありません。全部、出家です。家庭を捨てていきました。時代が違います。どんな宗教でも個人の救いをしたのであって、家庭救援、氏族救援、国家救援という言葉はありません。

私たち統一教会は、家庭を中心とした国家救援、世界救援を唱えているのです。

＊

家庭が定着して世界が通じることのできる家庭になってこそ、エデンで願った神様の創造理想の結実が現れるのです。息子、娘を中心として横的に拡大され、それが神様が願った氏族になり、自動的に民族に連結されなければなりません。それで家庭が重要です。すべてのことが世界平和統一家庭連合でみな終わるのです。さあ、世界平和統一家庭連合。一度言ってみてください。世界平和統一家庭連合。その中心は何かというと家庭です。

＊

家庭が世界を代表することのできる平和の道を、統一の道を行かなければなりません。すべてのことが家庭と連合された基準に連結された、ということを知らなければならないのです。ですから立派な家庭がこれから出世するのです。

＊

これからは家庭中心です。ですから一人で行くことはできません。これから人事処置も夫婦一身です。夫が長であれば妻は副責任者です。その息子、娘がすべて実力基準で優秀であるとき、彼らを重要な部署に家庭的に配置して、一族として配置することができるのです。

＊

これから重要視しなければならないのは世界平和統一家庭連合なのですが、世界を忘れてはいけません。世界を忘れたら、平和になってどうしますか。平和を忘れたら、統一してどうしますか。統一がなければ、家庭を成してどうしますか。家庭は一つの家庭ではありません。連合主管がなければ家庭を成してどうしますか。全部関係しています。連合を考えるとき、統一を考え、家庭を考え、平和を考え、世界を考えなければならず、世界を考えるとき、平和を考え、統一家庭連合を考えなければなりません。一体だというのです。世界の代表主人になり、平和の主人になり、統一の主人になり、家庭の主人になる連合世界の統一天下の主人になるその場に、神様が臨在することができるのです。

五．堕落の峠を越えるためには

1．父母の道と子女の道は違う

カナン復帰路程では先生についていかなければなりません。かもが大洋を渡る時には親分がも

の前に、絶対服従です。異議がありません。「飛べ！」と言えば飛ぶのです。大変でも、死んでも、ただついていかなければなりません。今まで、そういうことをしてきました。これからは、目的地に来てひなを生んで、みなこのようになったので、自分たち同士で互いのために生き、愛して一族を成し、その一族自体を愛し得るようにしなければなりません。それが今、この時にしなければならないことだというのです。今まではカナン福地に向かって行く時であり、これからは定着時代に入っていくのです。(一一五―一〇九)

＊

カイン・アベルは、責任分担を完成する責任がありません。責任分担完成は、誰がしなければならないのでしょうか。アダム・エバ、すなわち父母がしなければならないのです。先生にその責任があるので、皆さんができないことを、キリスト教が間違えたことを、全部私が責任をもって四十年の間、父母の立場で、個人として整備し、家庭として整備し、氏族、民族、国家、世界的に整備したのです。このようにして個人責任分担蕩減《とうげん》復帰、サタンを追放できる塀をつくっておき、責任分担完成圏をつくったので、そこから新しい世界が始まるのです。世界以上の場で成したので、これから天国が可能だというのです。それで「天国創建」という言葉、「祖国創建」という言葉が出てきたのです。これがみな原理的です。(一四八―一六四)

＊

皆さんは天国に行く道を知りません。蕩滅の道を知りません。蕩滅の道が分かりますか。責任分担を完成できなかったので、責任分担条件に引っ掛かっているのです。責任分担を果たせなかったことにより、サタンが侵入したのです。個人、家庭、社会、国家、世界、または霊界まで全部サタンが侵入しているのです。（一三七―八二）

＊

欲張ってはいけません。先生を中心として完全に絶対的に一つにならなければなりません。一つの根です。根を引っ張ったら、引かれていくべきなのです。茎や枝は自分の存在意識をもつことができません。主張することができません。二方向はあり得ないのです。一つです。これが勝利的基盤を磨く立場を取ってこそ、東西南北に自由が起こるのです。そうでなくては自由がありません。ですから自由行動をすることができません。

＊

先生が教えてあげたすべての内容が、天国に入ることのできる鍵《かぎ》です。ここに合わなければ全部開けることができません。私があげるキーをもって開けてこそ天国が開くのであって、どんなことをしても駄目なのです。先生のキーは、本質的キーです。金で作り銀で作ったとしても、どんなもので作っても、いくらやっても開きませんが、これはさびた鉄で作って何でもないもののようだけれども開くというのです。誰もそのようなキーを作ることはできません。貴いキーだと

いうのです。（九四・五・八）

絶対的な信仰をしなければなりません。「真《まこと》の御父母様を絶対的に信じていく」と言わなければなりません。（四六―九九）

＊

2. 子女の道は絶対服従の道である

絶対的に服従しなさい、絶対的に服従するということは滅びることではありません。服従したらどうなるのでしょうか。一つになります。一つになったらどうなるのでしょうか。悪は反発します。完全に一つになっているので悪は反発するのです。それで悪が除去され得るのです。これが原則です。（五七―八三）

＊

皆さん全員が、これからは絶対愛、絶対服従する立場に立たなければなりません。エデンにおいてのその家庭は、自分の所有物がありません。神様と神様の絶対愛と血筋が一つになった立場に立っている真なる息子、娘になりさえすれば、この宇宙のすべてが息子、娘に相続されるようになっているので、全部自分のものになるのです。愛によって一つになると、自分のものになるのです（二〇〇―二〇四）。

＊

祝福は、神様の真なる生命の血筋が連結される基盤を相続するのです。祝福を通して神様の血筋を相続した人が霊界や肉界にいるので、神様が思いのままに主管できるのです。それで、神様の思いのままに再創造、復帰歴史を、今も蕩減《とうげん》条件なく全権をもって押し出しているのです。ですから、皆さんが、そのような信念をもった相対的立場に立つか立てないかということが問題です。決心した、そのような絶対信仰、絶対愛、絶対服従の基準と一つになるようになるときには、一瀉千里《いっしゃせんり》にすべてのことが水平世界に線を引くことができるのです（二〇〇―二〇二）。

＊

神様が創造するとき、神様自体が絶対信仰、絶対愛、絶対服従する位置にいたので、その相対的家庭を成すことができずに、すべて地獄に落ちたのです。真の御父母様の勝利圏と一つとなったすべての基盤によって、絶対信仰、絶対愛、絶対服従によりアダム家庭で失ったものを、世界的に越えたこの時なので、統一教会は真の父母を中心として絶対信仰、絶対愛、絶対服従をしなければなりません。真の父母は、神様の前に絶対信仰、絶対愛、絶対服従の伝統を受け継いできたので、それを伝授されなければなりません。分かりますか。天の祝福が共にあるのです。

今までの道人（修道者）たちは、何を中心として生活してきたでしょうか。イエス様も、かわいそうな人です。夜も昼も神様のみ旨のみを抱き、自分の意志はありません。神様のみ旨の前に絶対服従でした。絶対服従！　なぜ、絶対服従したのでしょうか。絶対的な主体、原形的な主体がいるのにもかかわらず、もう一つの三角形的主体の圏を成したのがサタンなので、そのサタンを除去させるためにそうしたのです。

＊

今日、人間は、サタン圏内に隷属されています。サタン圏内に隷属されている人間を脱出させるためには、サタンが最も嫌う道を行かなければなりません。それで宗教は、良心を中心として絶対服従だというのです。良心と心が、本来は、神様が絶対的なので、絶対的な神様を中心として絶対的に一つにしようとするので、宗教世界ではマイナスになれというのです。(五七―一二五)

＊

絶対信仰には愛がついていきます。父子の関係においては絶対に信じ、絶対に愛し、絶対に服従するのです。互いに完成するためには、父母は子女のために生まれたので、自分の血と肉と精誠、このすべてのものを投入し、自分よりも良くなることを願います。無限に良くなることを願うのです。投入し、投入し、投入して忘れて無限に投入、永遠に投入して忘れるのです。それは何かというと、個人の家庭を越え、氏族、世界を越え、神様がいるならば神様の上にまで上がら

なければならないというのです。(一九五一・二・五七)

＊

堕落の恨《ハン》をもって、徹頭徹尾、地上において天が見ている観点で順理的な内容で、全部この地で解いていかなければなりません。逆理的内容をもっていっては、すぐに引っ掛かります。許しがありません。先生が生きて、誰よりも先頭に立って苦労するのです。本来は、誰よりも栄光の立場であることを知っていますが、栄光の出発と、栄光の生涯と、永遠の栄光の世界を連結する橋を架けなければならないのに、その反対のサタン世界で苦労を始めたので、苦労で終わろうとするのです。(一九五一・二・五七)

＊

絶対信仰、絶対愛、絶対服従の上に、絶対唯一家庭、永遠不変の家庭、神様に侍る永遠の家庭となって、それが永遠の氏族、永遠の民族、永遠の国家、永遠の社会を成して地上天国を成し、それが天上天国に直結する一つの体制を成さなければなりません。神様に対して孫も「父」と言い、息子も「父」と言い、父も「父」と呼びながら、神様に同価値的に父として侍るアダムのような立場を万民がもつことができなければなりません。皆さんは、これから先祖になるのです。(一九五一・二・五七)

＊

霊界を、はっきりと知らなければなりません。適当に生きることはできません。地上で完全に合格した家庭として天国に直行できる、条件に引っ掛からずに解放直行できるように家庭を皆さんがつくらなければなりません。それは先生の責任ではありません。みな行けるように祝福してあげたでしょう。ハイウェイを造っておいたでしょう。自動車になっていて油さえ入れればいいようにです。どこにでも行けるのです。

＊

解放をみな宣布したのです。駄目な時は「こいつ」と言って制裁を加えるのです。天国に入る時に、この地上から合格者を送らなければなりません。今まで合格した者たちだけ送ったのではなくて、ただ送ったのであの世の牢獄や中間霊界に行っています。地上の中間霊界とか楽園家庭とか、または地獄家庭がないようにきれいに整備して、天国に直行できるこのような基盤を築かなければならないのです。

＊

神様が絶対的ならば、自分も絶対的な立場を願わなければなりません。神様が不変ならば、自分も不変でなければなりません。神様が唯一ならば、自分も唯一でなければなりません。神様が永遠ならば、自分も永遠でなければなりません。このような観点で、人間の永生は不可避的であり、それは結果的な帰一点でないはずがないという結論を堂々と下すことができるというのです。いくら神様に愛があるといっても自分に愛がなく、いくら神様に生命があったとしても自分に生命がなく、いくら神様に理想があったとしても自分たち人間に理想がなければ、すべてのことがむなしいのです。

＊

四大心情圏と三大王権を失ったので、これを取り戻さなければなりません。それを成すためには、絶対服従と絶対犠牲を中心として順応し、何をさせても、みな「やります」と言わなければなりません。そのようにしたのちにこそ、父母がサタン世界から、ここに来るのです。ですからサタン世界の男性は天使長なので、切ってしまわなければなりません。そうすると、ここから上がっていくのです。（三五―一九五）

＊

先生は今まで、「ああ、お前たち、先生の言葉に絶対服従しろ」と、そう言わなかったのです。私たちは歴史的な路程に順応していかなければなりません。歴史的な路程とは何かというと、神様のための摂理的な歴史路程です。今まで皆さんに、復帰摂理路程を教えたのではないのです。ですから先生も行くのです。神様の目的を果たしていくのです。その目的を一点で結末をつけることができなかったので、これに結末をつけようとするのが、今日、この時代に統一教会が主張する「統一原理」であり、「統一思想」だということを知らなければなりません。（七一―六六）

＊

本当の孝子は服従する者です。本当の忠臣は、奸臣のように追われて死んだとしても、王に対して無能な王だと言うのではありません。奸臣として追われて死んだとしても、忠臣の不変の心でかわいそうな心を抱いて、涙を流しながら王の御安泰を願う人が本当の忠臣です。絶対服従だというのです。絶対服従で成功をもたらすことのできるたった一つの道は、真《まこと》の愛の道しかありません。(一六四—九)

3. 義務と守るべき規則(心得)

ジャルジンが重要です。そこは、韓国とは正反対の地です。そこから家庭を中心として、先生と国家メシヤと氏族的メシヤが再び天国に行くことができるように公認してやるのです。ですから先生の一族圏内に加入することのできる、先生の血族圏内に入ることのできる圏を中心として、地上から天国行きのハイウェイに入るのです。

ジャルジンで四十日修練を受けた祝福家庭は、避難民のように荷物をまとめ、何でも売り払って、大移動の準備をしなさいというのです。どこへ行かなければならないのでしょうか。みな韓国へ来なければなりません。韓国は今ＩＭＦ(国際通貨基金)の体制下において、すべてを売り払うという状況にあります。このような時に皆さんが来て、土地を買うなどして基盤をつかまなければならないのです。(三〇〇-二〇五)

＊

今後、南北が統一されることにより、私たちが一つとなって天が認めるホーム・タウンができるのです。地上・天上天国のホーム・タウンが始まるのです。真の父母の家庭からすべての氏族、一族から祝福家庭が一つとなって定着すべき時がついに来たのです。今後、南北が統一されれば、世界はあらゆる思想的な面でも、私たちに従わざるを得ないのです。一つの世界となるのです。(三〇〇-二〇五)

＊

「真の祝福天宙化とサタン血統根絶」という言葉は、引っこ抜いてひっくり返して打ちつけろというのです。それでお父様が八十になる二〇〇〇年に入ると、すべての地上の一族たちは、全部天国行きだというのです。出エジプトのように、地上世界の出発が起こるのです。モーセが八十歳で出エジプトしたのと同じように、これから真の父母の家庭王としての世界地球星が出発するのです。イスラエル民族がモーセのあとについていったように、これから地上地獄を出発する天国への大移動が起こらなければならないのです。ですから、荒野のような過程を経ていかなければなりません。

そこでは、今のエジプトにあるすべてのものを売って、自分の故郷を建設することのできる資金を持って帰っていくことになるのです。すべて売り払って、ふろしき包みを背負って避難民のように大移動するのです。このようにして韓国の地を十倍ずつ高く買ったとしても、全部買わなければなりません。買って、完全に私たちの土地にして入っていかなければなりません。(三〇〇―二〇七)

＊

エジプトに住んでいたころのことを、懐かしがってはいけません。エジプトで食べた肉、生活していた豊かなそのすべてのものが、荒野に入って砂原の風の吹く中で乞食のような生活をする時、どんなに恋しいことでしょうか。しかし、その時、恋しがった人たちは、みな滅びてしまったということをよく知らなければなりません。(三〇〇―二〇七)

＊

これから国家的メシヤの家庭は三代、七代を中心として、一族がみな一つとなって自分のすべての財産を売り払って祖国光復をしなければなりません。そうすれば、全世界が一度にくるっと回るというのです。すべての所有は、神様と真《まこと》の父母の所有を中心として世界のすべてのものを集めてくることによって、もう一度再分配して、地上・天上天国、神様の祝福を受けた家庭の所有権時代に越えていくのです。そうすると霊界が、全天使世界が一度に入り、アダム家庭の復活圏を成すのと同じことが起こるのです。

個人から家庭を成し、氏族、民族、国家、世界を成し、一度に父母様が成してくださった基盤を中心として祖国を取り戻し、入ることによって、自分の家庭、氏族、民族、国家、世界が全部解放されるのです。それが嫌な人は地獄に行くのです。

＊

韓国の地がもし買えないならば、南米の土地を全部買って、全部分割しようとしているのです。南米の土地を買ったら、韓国の延長の土地として認定するのです。キリスト教、アメリカが一度に韓国に移動するというようになったら、南米までの世界キリスト教圏を全部一つとして、一度にみな復帰できるのです。一度に入籍できるというのです。それで家庭連合、氏族連合、国家連合をつくっておいたのです。

＊

自信満々に、どこに行こうと自分が爆発的な中心になって、天の中心から下りてくる力を受けて横的に押し出せというのです。引っ掛かることのない、このようなことを自信満々にやっていけというのです。祝福天宙化です。このような家庭は天地がみな注目する家庭なので、ここから解放圏が広がっていくのです。それこそ天宙が回るのです。それで、これから皆さんの祝福を受けた一族が一つになって、ジャルジンで教育を受けなければならないというのです。

＊

神様が創造当時に宇宙を愛した心以上の心をもって、このすべてのものを引っ張って集結させ、ここに一方的な投入をしなければなりません。このような家庭の最後の終着点に、芸術的な家庭の理想を備えて、神様に侍って真《まこと》の父母様が自分の家庭に来られたなら、「永遠に離れたくない」と言えるこのような家庭、万民のすべて責任者たち、さらには天の国の直系の真の父母の息子、娘を含んだ皇族圏があるとすれば、どのような皇族であっても、その家に行って住みたいと思えるようなモデル的家庭を成さなければならないのが、私たちの責任だというのです。(一九八一・五五)

＊

皆さんの家庭が問題です。一族の核になれる家庭、統一的基準を成せる家庭、これが問題です。どれほど今まで、自分勝手に生きてきたでしょうか。自分たちが知っているでしょう。本当に心と体が一つになったでしょうか。あのクリスタルのように、四方がみな輝くものとして一度、輝いてみなさいというのです。自分たちがよく知っています。夫妻同士で闘ってはいけないというのです。(一九八一・六五)

＊

皆さんは、これから先生の誕生日を中心として献納祭をしなければなりません。「総生畜献納祭」ですが、「総生畜献納祭」は何をするのかというと、怨恨《えんこん》と解放式です。解放式をしなければなりません。神様の恨《ハン》を解いてあげ、解放をしてあげなければなりません。神様を解放してあげなければならないのです。(一九八一・六〇)

自分の財産も何も、みな捧げなければなりません。その捧げる行列が、この世の歴史始まって以来、最も長くなくてはなりません。それを捧げることによって、最初の先祖が一代になり、二代、三代、と代数が生じるのです。ここに座っている、これは何代でしょうか。五百人であれば五百代になるというのです。五百代の差が生じるのです。

＊

一緒に一つ所に座っているここで、誰がこれを完成して、先にこれを献納するかによって、入籍する問題において五百代の差が生じるのです。これが天上世界に行って、会うに会えない段階へ分かれてしまうのです。ですから競争が起こるのです。この世で最も恐ろしいことが起こるのです。先祖たちは足を引きずって、ドンドンと踏みつけ、「こいつ、お前の財産を全部、早く献納しろ」とやらなければ、その財産を踏みつけてなくしてしまうというのです。（二九八―六二）

＊

旧約時代の祭物、新約時代の祭物、成約時代の父母の祭物を捧げなければなりません。神様の心情的な姿を引き出すためには、私たち全体が合わさって真の父母様を中心として祭物を捧げなければなりません。そうして統一的祭物を献納することによって、神様に全体の主人として侍り、この地上に私たちの家庭から、氏族、民族、国家に君臨することによって、上下関係、左右関係、前後関係を思いのままに回ることができることによって、神様が主管する世界になり、全体が一時に同じになるのです。

神様が憤り悔しく恨めしいことを解怨《かいおん》成就するその日を迎えなければならないにもかかわらず、自分のこの腐るもの、地獄に行く家庭をつかまえて防御して保護し、とんでもないというのです。ですからここの教育が終わったら一族教育を指示するのです。その時になったら家庭教育時代が過ぎるというのです。行かなかったら棒で追いやり、ぶん殴ってでもジャルジンの教育に行かせなければなりません。

＊

祝福家庭は家庭を中心として家庭的メシヤ、氏族的メシヤ、国家的メシヤ、世界的メシヤがあることによって、新しくジャルジン教育を受けるその基地に来て、天国に行くことのできるチケットをあげるのです。皆さんを写真にみな撮ってあげるのです。この人たちは間違いなく先生の歴史的先祖隊列に参加させるのです。その写真がなくてはいけません。問題になるのです。(「サタン血統根絶完成解放宣布」を参照)

＊

いつ先生が大移動を命令するか分かりません。もう皆さんが動かなければならない時です。動かなければならないというのです。全世界の祝福を受けた食口《シック》たちは早く南米に行って教育を受けてこそ、これから天国に入れるチケットをもらうことができ、先生は一族に写真を撮ってあげているのです。これは先生の命令です。ここアメリカの責任者、州の責任者が問題ではありません。先頭に立って教育を受けなさいというのです。お父さんが行けなければ、お母さんと息子で、お父さんの代わりに来て条件を立てながら、このような避難の荷物を整理して行きなさいというのです。それを経なければならないのです。それは、入籍の手続きを受けることなのです。(二〇〇―二〇九)

＊

「先生に似なさい」という言葉は、良い言葉でしょうか、悪い言葉でしょうか。築いたすべての福を、ただそのまま受け継がせるというのです。先生が大きな峠を越えたなら、これを中心として同じ型をつくれというのです。そうすれば、この垂直線は同じだというのです。そのように蕩減《とうげん》していくのです。(一九九―一八八)

六　第四次アダム圏、自由自主の時代

1．第四次アダム圏時代は自然復帰時代

第四次アダム圏時代は自然復帰時代へ進入するのです。蕩滅《とうげん》復帰時代が終わったことにより、第四次アダム圏時代は皆さんの努力によって、個人アダム圏を勝利して、家庭アダム圏を超え、氏族アダム圏、世界まで超えることのできる自由解放圏が起こるのです。

＊

これからは皆さんの家庭が理想的家庭となって、御父母様と神様に直接に侍り、御父母様の代わりにならなければなりません。皆さんは旧約時代、新約時代に来たメシヤ、新約時代を越えて成約時代に来たメシヤ、一次アダム、二次アダム、三次アダムの代身家庭となることによって、神様に侍るようになり、万民が天国に直行できるようになるのです。そのようになることによって、第四次アダム圏解放の祝福時代に入るのです。

第四アダムの時代が確定されれば、祝福二世たちは親が直接祝福してあげる時代が開かれるのです。

＊

今、解放時代を迎えたということを考えるときに、この地球を中心とした宇宙がどんなに讃美しているか分かりません。どんなに今日を喜んでいるか分からないというのです。それで今年に入って今日まで祝賀した雰囲気一色になったというのです。これから私たちがしようとするすべてのことは、天運がついて回りながら助けてくれるのです。天運を捕まえようと苦労しますが、天運が私たちのあとについて回りながら助けるというのです。

＊

これは何のことかと言うと、神様と霊界が数多くの先祖たちと数多くの善なる人たちが動員されてこの地を助けることのできる時が来たというのです。解放圏を成すことができ、形を変えることのできる時代が来たというのです。

＊

万国に聖酒をまかなければなりません。聖酒を飲ませて生かすのです。堕落圏解放が加重されるのです。万物にまで飲ませなければならないのです。そうすれば全部神様の側に帰るのです。それでこれから万世界、地球星に聖酒を飛行機でぱーっとまいてあげながら、全部できなければ主要都市にだけでもまきながら祈祷するのです。御父母様が祈祷することがどんなに恐ろしいことか知らなければなりません。その国が滅べといえば滅びるのです。どうしようもありません。

＊

真《まこと》の家庭、真の父母、真の夫婦、真の息子、娘にならなければなりません。純潔を守り伝統的血筋を受け継いだ王子、王女にはサタンが相対する世界がないのです。

＊

神様は第一創造主、アダムは第二創造主、孫は第三創造主です。ここから蘇生、長成、完成、三を越えることによって定着します。それで四次アダムを立てることにより、みなアダム、息子、娘から繁殖していくのです。

＊

真の愛、神様に侍っていくのです。真の御父母様と共に行くのです。それが本来の創造原則です。真の父母は中心の根、中心の茎、中心の芽となっていますが、皆さんは枝なので、枝は中心の根が必要であり、中心の茎が必要であり、中心の芽が必要です。これは連結させなければ、根の力を受けて大きくなることができません。また茎の影響を受けずしては、その木が大きくなることができません。その次には芽がなければ花が咲くことができません。絶対的に一つにならなければなりません。

＊

神様は第一創造主、アダムは第二創造主、アダムとエバも第三創造主を経てこの世に地上天国、天地が生まれるので、私たち統一教会においての第四次アダム圏時代に越えて定着して本然の祝福と万代の後孫が自分の父母の伝統を尊敬して、後孫が自分の父母の伝統を尊敬して息子、娘が一つになって、天国に入ることのできる転換された世界が目の前に来たのです。

＊

絶対信仰、絶対愛、絶対服従の上に、絶対唯一家庭、永遠不変の家庭、神様に侍ることのできる永遠の家庭になって、それが永遠の氏族、永遠の民族、永遠の国家、永遠の世界を成して地上天国を成し、それが天上天国として直結される一つの体制を成さなければなりません。神様に対して孫も父と言い、息子も父と言い、父も父と呼びながら神様に同価値的に父として侍るアダムのような立場を万民がもつようにならなければなりません。皆さんはこれから先祖になるのです。

2. 自分の名前で祈祷する時代

一九九九年九月九日、九・九節宣布以後、十四日午前七時十五分を期して、今までの真《まこと》の御父母様の名前で祈祷してきたのを、自分の名前で祈祷する時代に入ります。天宙統一解放圏を迎えて第四次アダム圏の自主自由の解放の時代に行くからです。

3. 第二創造主格——自分を創造する時代

真の父母と一つになって伝統を相続して、皆さんの家庭が主体的伝統で万国を治めることのできる基盤となり、主体性をもつことのできる家庭となるとき、天国で皇族圏内に入籍するのです。こうして入るところが天国です。天国は誰でも入れるところではありません。その道を行こうと三代が決心しなければなりません。おじいさん、おばあさんから父親、母親、夫婦、息子、娘まで、段階は四段階で、系列は夫婦をもったものは三代です。

個人完成するためには何をしなければならないでしょうか。創造性完成です。第二創造主格の立場に立てるためのものです。そうでなければ永遠の神様の主体の前に、永遠に対象格として立つことができません。被造物自体だけならば分かるでしょうか。それで創造主格立場に同参させるためには、これが絶対不可欠の要因です。これがなければ人間が天の絶対者の前に対等の立場を取ることができないので、このような法を立てざるを得なかったのです。（二三七―二〇七）

＊

神様に似るには、内的な面では絶対愛を中心として、その愛が絶対愛であると同時に唯一不変の永遠な愛なので、その愛を通して神様と永遠に同苦同楽することができ、同参することができ、相続することができるのです。神様の愛の対象なので、絶対的神様の愛が私の愛であれば絶対的神様の対象でしょう。そのような内的な基準を、神様の属性を中心として創造世界を拡張するためには、創造性属性がなければなりません。

＊

環境創造をしなければなりません。そこに主体性をもって相対を再創造しなければなりません。再創造するようになると、愛のパートナーをつくるための神様は、自分以上のすべてのものを投入してまた投入しようとするので、自分の生命を捨てるようになったとしてもまた投入しようとする心をもつようになると、自動的に相対は生まれるようになっているのです。完全なプラスは、完全なマイナスを創造する原理があるでしょう。空中で完全なプラスができると、マイナスは自動的について生じるのです。(二二一—二五)

＊

本性的な神様の属性に一体となり得る、本然的愛の定義に一体となった存在は、神様の代身、神様自体がそのような立場なので、創造するようになるときは、その相対を造るのにこのような本性自体と共に投入して、そこに何を加えるのかというと、創造性、絶対創造性、唯一創造性、不変創造性、永遠創造性です。愛を中心とした、このような絶対的な創造性を投入しました。創造するには、何かを残さなければならないのですが、主体性がなければなりません。私に似なさいというのです。(二〇三—一五二)

＊

私と皆さんと、どちらが優れているでしょうか。優れているのは何でしょうか。心は同じでしょう、何が優れているでしょうか。その心がしようというとおりに活動するのがちょっと違いがあるのであって、違いはないというのです。心は、みな同じです。人の根本は同じなのですが、思いのままにしようとするとき、どのくらい関係性を拡大させるのか、舞台を、環境をどれだけ開拓するのか、その差であって、心の根本は同じなのです。(二二一—二〇五)

七　愛の皇族となれ

1. 天国は皇族の名誉をもって行くところ

天国は、神様の愛を中心として王子、王女となって、王と王妃の愛を受けた皇族たちが入る所です。今日キリスト教では、「イエス様を信じて天国に行く」と言うでしょう。どのようになるか、行ってみなさいというのです。文《ムン》総裁の言葉が合っているか、合っていないか、見てみなさいというのです。それは理論に合わないのです。今まですべての宗教は、理論に合わなかったのです。(二三七―一七二)

＊

天国に入る人は、神様の愛を中心として王子、王女として完成して家庭で息子、娘を生み、皇族圏の中で愛を味わい、その全体をそのまま移していく人です。そのような人が、天国の国民だということを知らなければなりません。

ところが、イエス様を信じて天国に行くのですか。イエス様一人では行けません。イエス様に相対がいますか。環境には相対理想がなければなりません。ところが、イエスは主体として対象がありません。ですから楽園に行って待っているのです。時が来ればもう一度行かなければなりません。このように事実も知らずに騒いでいる既成教会を見ると、ばかの中にもそのようなばかはいないというのです。(三三六─一九八)

＊

天国に入ることのできる人は、神様の愛の直系子女として、天国の王孫として、神様の前に王子、王女の門を経なければならないのです。天国はどこでしょうか。王孫として、皇族として行くところです。この地上に模範的な兄弟の友愛の直系子女と傍系的子女となって、模範的な一つの一族と国家を形成した立場で、皇族の名誉をもって生きたのちにただそのまま移動していくところが天国です。(三三六─一九八)

＊

おじいさんは、天の国から送ってきた王権を代身した主人です。ですから神様のように侍らなければなりません。母親、父親は、全世界の家庭を代表した王と王女です。皆さんも父親、母親が王になり、王女になったらうれしいでしょう。その伝統を失ったというのです。王子、王女の伝統を、天上世界の皇族的道理を立てて、もう一度原点に帰らなければなりません。堕落して破壊されたフリーセックスのようになったすべてのものが、絶対的な愛を中心として原点に戻って初めて、本然の立場に戻って順理の道理を受け継ぎ、個人から家庭、氏族、民族、国家、世界を再編成してこそ統一の世界になるのです。(二三三―七)

＊

天と地の国が愛によって一体化しなければならないのです。このように皇族圏さえ成すようになれば、霊界に行っても地上に行ってもすべての中心になるのです。ですからどこでも一体を成すことができるのです。それを訴えているのです。天上天国、地上天国、愛の一体化です。愛によって初めて皇族を中心としてすべてが一つになるのです。世界のすべての民族が一つになり、天のすべての一族が一つになるのです。(二三三―五六二)

＊

堕落した以降に地獄が生まれたでしょう。ですから天上世界と地上世界のすべてが真《まこと》の父母の愛の門を経て入っていく、その世界が天国です。アダム・エバが堕落せずに真の父母の愛を通して天国に入ったら、万民家庭のモデルになっていたはずです。一つの本然的なモデルの家庭形態が入るのです。

そうすることによってその伝統的な歴史を受け継いだ皇族圏の愛を連結したすべての家庭は、一つの中心茎の前に東西南北の枝のようなものです。ですから同じ圏統合の原則によって天国に入るのです。そうしてこそ統一世界になるのではないですか。これをはっきりと知らなければな

りません。(二三一―二)

＊

その王族、皇族を中心として入籍する時代が来ました。それをするためには、まず血統転換をしなければなりません。アダムとエバによって、原理型の悪魔の愛によってすべての所有権がサタン側に渡ってしまったのを、返還しなければならないのです。(二二九―一〇八)

＊

その王の愛の相対者であり、皇族圏を相続する皇太子なのです。王子、王女だというのです。堕落していないアダム、エバがそうだというのです。全宇宙の大王であられる神様を中心として生まれた長男、長女がアダムとエバだった、ということをはっきりと知らなければなりません。(二二九―七)

＊

家庭を中心として、このような天国家庭をつくらなければならないというのです。女性たちがこれをはっきりと知って、この伝統を教えなければなりません。息子、娘たちに乳を飲ませながら「天の国の皇族にならなければならない。神様の代わりに私があなたを愛します」と言って、お父さん、お母さんが夫婦として愛するのを中心として「あなたは将来、私たち夫婦よりも素晴らしい夫婦にならなければなりません。これがお父さん、お母さんの願いです」という伝統を植

えてあげなければいけません。(三六―一一八)

＊

偽りの父母が種を蒔《ま》き、めちゃくちゃになった愛におぼれて、この地は悪魔の巣窟《そうくつ》になってしまいました。悪魔の肥だめでどろどろになったそれを、お風呂に入れさせ、本然的天の国の皇族圏の印を押すために教えてあげなければならない、その仕事が簡単なことですか。神様が今まで六千年の間、六千年が何だというのですか。億万年の間、苦労してこられましたが、アダム・エバを完成させることができなかったのです。(二七―一八二)

＊

これから、みんな故郷に帰らなければなりません。故郷とはどんな家ですか。「天の国の王宮を代表する家だ」と、このように考えるとき、気分はいいですか、悪いですか。わらぶきの小さな家であるほど、天の国の皇族が王宮を離れ、この山川が慕わしく訪ねきて、水が良く山水が良いので、ここに来て住んでいるんだなあと考えるのです。

水一杯をついであげるとき、それは薬水よりも貴重なのです。水一杯にも愛が入っているのです。ここには何よりも、無限な価値の真《まこと》の愛のエキスが投入されていることを知らなければなりません。このようになるとき、その御飯を千年食べても、病気にかからないのです。夫を迎えて一度、そのような御飯を食べてみたくありませんか。(夫の)お父さん、お母さんがそれを喜ぶでしょうか、喜ばないでしょうか。私たちの家に帰るたびに、田舎が懐かしくて訪ねきた、天の国の皇族を代表することができる家だなあと思うのです。（三三一-一〇二）

*

おじいさん、おばあさん、お母さん、お父さんは、その王権を王孫として継承しなければならないのです。皆さんが長男、長女のような位置にいれば、これを譲り受ける時なので、生活する上で王孫のように生きてこなければならなかったのです。ところが、そのように生きてくることができなかったのです。

ですから、今からでも、み言《ことば》を聞いたので、このような方法で家族のため、おじいさんおばあさん、お母さんお父さんと愛で一つになるときには、間違いなく天国の神様もここに入って来て住むのです。

そのようになれば、永遠の神様の一つの愛を中心として永遠に生きるために、自動的に、その主体となった家庭は、永生できるようになるというのです。ですから永生する家庭は、天国の本宮として、天の国を再拡張編成するのです。それが現世界の韓国でも、百六十カ国を中心として、天の国を連結させる運動が広がっていることを知らなければならないというのです。そこにあって、代表的な心情的旗をもっている人がレバレンド・ムーンだ、ということを知らなければならないというのです。（三三一-一〇二）

＊

神様の愛を中心として、神様の生命に体と心が完全に結合することができる位置に行かなければなりません。天下の誰が誘惑しても、私が行く道を行くのです。どこかに避けて生きるのではありません。私は、堂々と天の国の本然的王宮を通して皇族圏をもち、天国の民になるという自負心をもって堂々と勝ち、越えていかなければならないというのです。それができなくなるときは、サタンの中に入っていくのです。（二二二—九〇）

＊

今から皆さんは、真《まこと》の愛を中心とした皇族にならなければなりません。皇族、アダムがそのようになれば、アダムが直系の子女ならば、傍系の子女であるその兄弟、お姉さんたちは、すべて民になるのです。ですから天国に入るのは、天の国の王子、王女の愛を備え、その権威と威信を堂々と身につけ、生涯の路程に父母も堂々と威信をもち得る者でなければなりません。そのような者が入っていく所が、本郷の国、天国だということを知るべきです！（二二〇—一一九）

＊

天の国の国民、天の国の氏族と国の民というのは、皇族から始まるものです。ですから本来、私たちがもつべきその位置に入っていこうとするなら、天の国の真の愛を中心として、皇族的心情圏を体得せずしては、天の国に入っていくことができないというのです。そのようにできなかったことが神様の恨《ハン》です。そして王孫を中心として孫たちをもてなかったのです。

アダム・エバが成長しながら王子、王女として、王の代を引き継ぐことができる立場で愛することができなかったのです。みな中間で、原理結果主管圏内で堕落してしまったのです。ですから神様の愛を中心として、神様と直接話し合うことができる、天地創造の大偉業を中心として、お父さんと息子が互いに話し合って歴史を編成することができる、話し合いの相対になれなかったというのです（二二〇―四五）。

*

皆さんが今まで暮らしてくる中で大変なことがあったでしょうが、氏族（宗族《そうぞく》）復帰、皇族復帰、これをなぜしないのかというのです。私がやるなら六カ月あればすべて終えることができるというのです。

熱烈な心をもって「お母さん」というその言葉には、千年の歴史が連結されているのです。「お兄さん」という言葉には千年の愛があるのです。「お姉さん」という言葉には千年歴史、神様の心情を感じるというのです。創世以降、心情がどこにありましたか。そのような心情の主体性を中心として、神様の前に立ち上がり、話をするようになるときは、再創造の役事が起きるのです（二二〇―七）。

*

家庭で失われたことによって、天国家庭が現れなかったので、天国民族が生じることができるでしょうか。天国が生じ得るでしょうか、できないでしょうか。その天国を成し遂げなければならない神様が、人間の堕落によってすべて失ってしまったのです。天国は空いています。天国は、真の愛を中心として皇族圏の権威をもち、天地の愛の中心として恥ずかしくない神様の代身者として、相対者として備えるべき内容を備えてこそ、入っていける所です。文《ムン》総裁の言葉が間違っていなければ、既成教会の教会員たちは大変なことです。（二一九―三四）

＊

愛の価値というものは永遠にあります。自分の夫を迎えるのに、自分は王女として王を迎える心をもち、世界全体が尊敬するその瞬間において、愛の中に入っていくと考えたことがありますか。そのような価値観をもって、自分の子女たちを生まなければならないというのです。生むのに先立ち、妊娠したその日から王子、王女を妊娠しているという心をもたなければなりません。そして生まれるようになるときは、朝日が昇る希望の皇族、天下全体を相続する皇孫が生まれると考えなければならないというのです。そんなふうに考えたことはなかったでしょう。（二一八―三九）

＊

堕落しなかったならば、天地の王権と、天地の父母権と、天地の長子権を中心とした、直系の息子、娘になり、この地上の王宮となり、天の国の王宮となったことでしょう。またそこに、傍系的なすべての兄弟たちは直系の王宮の伝統を横的に受けることができるのであり、これと一つになって生きたそのような人たちが天国に行くようになっているのです。

それでは天国が何かというと、愛を中心として皇族の伝統を通過したその家庭と一族が入っていくところだということを否定することはできません。ですから皇族生活環境、前にいる人も支流にいる人も同じ生活をした人が天国に行くというとき、すべての万民の家庭たちは、愛を中心とした皇族伝統の生活をしなければならないという結論が出てくるのです。(二八一—〇三)

＊

今、アメリカではどのようになっていますか。もともとは祖父母と別れることができず、父母と別れることができず、息子、娘と別れることができません。この三代が別れることができないのです。これが一つになって四位基台を成就しなければならないのです。そうでなければ、理想的な基盤を築くことができないというのです。そのようなことを、皆さんはよく知っているでしょう。

ですから神様が、愛を中心として、人間を中心として拡張した基盤を築くのです。この地上に真《まこと》の父母が現れなかったならば、霊界に永遠に神様の息子、娘がいなくなるのです。初めて私によって神様の本然の息子、娘たちが生まれるようになるのです。私によって神様の皇族が生じるというのです。皆さんは、そのような自負心をもたなければなりません。私たちが、すべての国

を本然のエデンに連結しなければなりません。(二一八―一五四)

＊

世界の主流とは何ですか。神様の愛、宗教を中心として天地全体を身代わりしたこのような人間たち全体を代表して、理想的な血肉を連結させる父子関係の愛理想の愛圏を家庭を通して環境を越え、世界の果てまで影響を及ぼすことができる人生を生きる人は、天の国の王子になることができ、天の国の皇族に間違いなくなるのです。息子、娘になるのです。(一九四―一四七)

＊

私が求める人は、天の国の皇族です。天の国の愛の皇族です。皆さんは種にならなければなりません。そうなることができる種となったものは、刈り取られ倉庫に入り、翌年の北風寒雪、激しい風が吹きつける冬の季節を越えて、あの南から吹いてくる春風と春の陽光を受け、新しい芽が太陽の光と共に方向を備えて、ここで自体内から創造の力を発揮して生命力をつくり出すことができる種になってこそ、生命の芽になるのです。(一八〇―一九)

＊

私の生涯において何をするのですか。愛の墓を残していこうというのです。これが結論だというのです。愛の墓を残していきましょう！　愛の墓の中で今生きるとしても恨《ハン》がないというのです。墓のような所でどんなにうんざりと生きるとしても、愛の中で生きれば恨がないというのです。愛の墓を生きながら残して行きましょう！　そうすれば、生涯の暮らしは永遠に成功することでしょう。

そのように皆さんが生きて死ぬときは、神様が祝福してくれるでしょうし、神様が息子、娘を連れて歓迎しに出てくることでしょう。そのときには、指輪がはめられなかった手であるならば、天の国のダイヤモンドをはめてくれるでしょうし、服が着られなかったなら、天の国の皇族たちが着る最高の服を着せてくれることでしょう。(九七―一四〇)

2. 愛の人になれ

愛で和合して喜ぶことができるものは、昔創世前の時代の神様の喜びと、創世以降の相対的実体たちが出会って同化して感じる刺激的な愛の衝撃とは、天地の間の差があるのです。踊りを千年、万年踊っても終わることがないというのです。神様一人で踊りを踊ることができますか。神様一人で歌を歌うことができますか。一人でうれしいと言って笑うことができますか。香りをかぐことができますか。愛のために生まれて、愛のために生き、愛のために宇宙世界を統一して占領することができる主人の相対になるのです。その次に、愛を中心として私も主人の位置に立つことができるのです。

神様が愛する相対が神様よりもっと素晴らしくなると、創造した所望的基準から見るとき、神様より高い位置に立っているのです。ですから、私が「神様！」と言えば訪ねてくるし、私が「早く来てください」と言えば、神様は後ろからついてきながらも、不平を言いません。千里、万里ついていっても、いつも神様は喜びながらついてくるようになっているのです。子供についていく親の喜びというものは、口で言い表すことができないものです。天地が和動して自分以上に歓迎をするのを見るとき、父母の満足した細胞全体が、笑いのふろしきとなり、どっと、はちきれて出てくるのです。(二二五―一二〇)

*

愛を中心として真《まこと》の愛に通じるなら、すべてが友達です。石も話すというのです。そのような境地があります。創造されるときの自分の存在圏、すべての生態、すべてのことを話すのです。神様が知らないはずがありません。大きな磐石《ばんせき》の山、姿がどんなに壮厳な山だとしても、神様を見るときは、愛を受けたいのです。

神様が山を見て、「こいつ、どうして大きくなったのか」と言えば、「神様を喜ばせるためにこんなに大きくなりました」と答えるのです。だから、しかることができません。存在するものはすべて、愛に同化しないものはないというのです。すべて愛する主人になっているのです。何の話

か、分かりますか。(一八三—九)

自然の美しさを、私たちはここで悟ることができるのです。「お前の姿はこうだが、お前は私を中心として、宇宙の前に、愛をテーマとして創造された世界の前で、足りない面を補うため、音が調和するための刺激的なある音を出すために、宇宙には高低の音があるのと同じように、お前もそれと同じ面を補うために、共同的な理想体圏に存続するんだな」と言うとき、神様の目のような目で見るようになるのです。

＊

愛は、いつも、どこでも、新しいものを追求するのです。永遠の前に出発したことと、今、永遠後に継続するものも同じであるために、神様が創造したその本然の心情を感じられる力が愛にあるために、神様のように感じられるのです。

それで、話もするし、すべてそうだというのです。(一八一—一二八)

＊

ゴムひもは「ぶんぶん」音を出して、伸びたのが元の長さに戻っていくのです。神様は、真《まこと》の愛がゴムひものようなものだということを理解していらっしゃるのです。それを永遠に切りません。それで、ついに完成された位置に立つようになられ、「私はゴムひものような真の愛によってお前に永遠についていく。お前は、お前の中に強い力があってもそれを切ることができない。

最小限それをもっと保護してあげなければならない。その価値のあるものを保護してあげなければならない」と言うのです。神様御自身が、その真の愛のゴムひもなのです。

「従順になれ。完全に従順になれ」と、絶対的に尊敬しながら、神様に何が必要か聞いてみなさいというのです。そうすれば、「私は、お金は必要ない。私の中は、お金でいっぱいに満ちた山と野原の天地だ」と答えられるというのです。神様は、すべての被造物を創造されたので、お金が必要ならそのような創造の力を利用して、この世のすべての場所にダイヤモンド鉱山と金鉱をお造りになることもできるのです。どんなものでも問題ありません。（二七―二四三）

＊

子供のために千年苦労し、千年十字架を背負っても、また背負おうとする父母の前に、孝子でない人がいないということを知らなければなりません。孝子でない人がいないのです。どうですか。そのようなお母さんの愛、お父さんの愛の世界に、神様までも来て、「うわー、私よりも素晴らしい！」と言い得る立場を願いませんか。

すべて与えても十年、百年、千年の間、また与えても、それを考えながら今の生活に感謝する心をもって生きるのを見るとき、それは神様も褒めたたえるのです。子供が父母に対してそのような子供に、夫が妻に対してそのような夫に、妻が夫に対してそのような妻になり、家庭が国に対してそのようになり、国が世界に対してそのようになるとき、その世界はどれほど素晴らしいでしょうか。神様が天上世界にいなさいと言ってもそこにいないで、人間世界の真ん中に来て生活しながら、みんながよく暮らせるようにしてあげようと、再び創造が起こるであろうというのです。（二一五一三五）

成約人への道

定価（本体1500円＋税）

2000（平成12）年 12月 10日　初版発行
2006（平成18）年 11月 15日　第4刷発行

編　著　　世界基督教統一神霊協会
発　行　　株式会社　光　言　社
〒150-0042 東京都渋谷区宇田川町37-18
印刷所　　株式会社　現文

ISBN4-87656-951-7 C0016 ¥1500E